rowohlt
POLARIS

W0335675

ANNA SCHATZ

# WENN ICH NOCH EINE GLÜCKLICHE MAMI SEHE, MUSS ICH KOTZEN

Mein Leben mit
einem unerfüllten
Kinderwunsch

ROWOHLT POLARIS

Der Abdruck des Gedichts «Take it easy!» von Mascha Kaléko, erschienen im Band «Mein Lied geht weiter», erfolgt mit freundlicher Genehmigung von dtv Verlagsgesellschaft mbH & Co. KG.

Originalausgabe
Veröffentlicht im Rowohlt Taschenbuch Verlag, Hamburg, September 2019

Redaktion Barbara Imgrund & Susanne Frank
Umschlaggestaltung zero-media.net, München
Umschlagabbildung FinePic, München
Gesetzt aus der Whitman bei hanseatenSatz-bremen, Bremen
Druck und Bindung CPI books GmbH, Leck, Germany
ISBN 978 3 499 63412 3

# INHALT

## «TAKE IT EASY!»

Tehk it ih-si, sagen sie dir.
Noch dazu auf englisch.
«Nimm's auf die leichte Schulter!»

Doch, du hast zwei.
Nimm's auf die leichte.

Ich folgte diesem populären
Humanitären Imperativ.
Und wurde schief.
Weil es die andre Schulter
Auch noch gibt.

Man muß sich also leider doch bequemen,
Es manchmal auf die schwerere zu nehmen.

*Mascha Kaléko*

# KINDERWUNSCH? UNERFÜLLT.

Neuerdings hasse ich Aquarien. So richtig dafür interessiert habe ich mich auch vorher nicht, Fische kann man ja nicht streicheln. Doch inzwischen habe ich eine regelrechte Aversion gegen die schuppigen Gesellen entwickelt – zumindest gegen diejenigen, die teilnahmslos im Wartezimmer meines Gynäkologen herumblubbern. Gegen Fische auf meinem Teller oder in der Natur habe ich hingegen nichts, Fisch ist gesund – es sei denn, man ist schwanger, dann sollte man rohen Fisch meiden. Ich bin aber nicht schwanger. Das ist ja das Problem.

Die stupiden Fische gibt es als Dreingabe zur Kinderlosigkeit, in einem hippen, in die Wand eingelassenen Aquarium, das es einem unmöglich macht, ihrem gnadenlos gleichgültigen Glotzen den Rücken zuzukehren. Egal, ob ich mal wieder verzagt auf ein Bluttestergebnis warte oder mich mit dem Mut der Verzweiflung für die nächste Hormonspritze wappne: Den Fischen ist das piepegal. Sie schwimmen von Pflanze zu Fakewrack zu Kunstfelsen; dazwischen kleben sie an der Scheibe und tun so, als würden sie mich wahrnehmen. Anfangs bin ich darauf hereingefallen und habe, wenn niemand außer mir im Wartezimmer saß, den Zeigefinger an die Scheibe gelegt, da, wo auf der anderen Seite das Blubbermäulchen saß. Was tat der Fisch? Schwamm weiter. Null Interesse. Nicht einmal einen Fisch konnte ich für mich begeistern, wie sollte sich da ein Kind für mich erwärmen und zu mir kommen?

Dabei hatte «Mutter der Nation» in meinem Abitur-Jahrbuch gestanden, unter einem freundlich lächelnden, kreuzbraven Bild von mir. Die Mitschüler, die für das Buch verantwortlich zeichneten, hatten jedem Schulabgänger einen Berufstipp verpasst. Bei meiner besten Freundin stand «Tabledancerin», einem politisch engagierten Einserkandidaten wurde eine Karriere als «KPD-Funktionär» prophezeit, ein unfassbar akribischer Abiturient sollte «Steuerberater» werden – ich habe gehört, dass er heute tatsächlich in einer Steuerkanzlei arbeitet. Ob die Schülerin, der «Bundespräsidentin» vorausgesagt wurde, das eines Tages in die Tat umsetzt, wird man noch sehen müssen.

Und bei mir also: «Mutter der Nation». Inzwischen sind fast zwanzig Jahre vergangen, und wenn ich mir den Titel holen will, muss ich vermutlich noch rasch in der *Lindenstraße* mitspielen, bevor sie eingestellt wird, oder gleich ein SOS-Kinderdorf gründen (Letzteres war übrigens sehr lange ein Berufswunsch von mir, aber dazu später mehr). Als ich begann, dieses Buch zu schreiben, hielt ich zunächst Rückschau. Wann begann er eigentlich, sich Gehör zu verschaffen, dieser Kinderwunsch, der heute so laut in mir brüllt, dass mir manchmal Hören und Sehen vergeht? Warum eigentlich meine ich so unbedingt und dringend, Mutter werden zu müssen? Zum Abi 2001 tauchte das Thema offenbar erstmals auf – meine Mitschüler trauten mir damals wohl durchaus zu, dass ich mal eigene Kinder haben würde.

Und warum auch nicht – ich bin heute 37 und gesund und munter, auch geistig. Ich habe keinen Vogel, dafür aber einen Klammeraffen – diesen Kinderwunsch, der an mir klebt, egal, was ich tue, ob ich Single bin oder einen Partner habe, ob ich weine oder ein trotziges Gesicht mache. Aber verdammt noch mal, das ist ja auch völlig normal. Ich bin eine Frau, die Mutter werden möchte, und ich möchte darüber sprechen dürfen – vor allem, wenn ich die Hoffnung mal wieder begraben musste und kein Trost helfen kann. Was häufiger bei mir vorkommt.

Es ist sehr anstrengend, dazu zu stehen, dass ich keine Kinder habe, das aber liebend gern ändern würde. Denn ich wünsche mir Mitgefühl und Verständnis für meine Traurigkeit, keine hilflosen Schulterklopfer oder Pauschalempfehlungen à la «Dann leg dir doch einen Hund zu» oder sonst einen Totschlagsatz von der Stange. Und wenn ich abends wie jeder normale Mensch ausgehe, dann zischt mir mein kleiner Kinderwunsch im Ohr zu: «Erzähl bloß niemandem davon, sonst sagen alle: ‹Siehst du, wie viele Freiheiten du ohne Kinder hast! Freu dich doch!› Oder: ‹Super, dass du dich wenigstens ablenkst.›» Dann halte ich wirklich den Mund, fühle mich aber trotzdem unwohl, und schon ist der Abend wieder im Eimer.

Wir Frauen, die wir uns erfolglos Kinder wünschen, haben keine Lobby. Wir sind die Spaßbremsen jeder Party, zusammen mit den unfreiwilligen Singles. Denn alle anderen fühlen sich augenscheinlich verpflichtet, uns von unserer Sehnsucht abzulenken, uns Tipps zu geben, wie es doch noch klappen könnte, oder mit einfühlsamer Stimme von Frauen zu erzählen, die auch keine Kinder haben, aber ja so zufrieden und glücklich sind. Vielleicht darf man offiziell keine Sehnsucht haben und sollte sich den ganzen Tag heimlich, still und leise freuen, dass man überhaupt lebt … Aber ganz ehrlich: Unsereins will manchmal einfach auch nur traurig sein dürfen. Ich brauche niemanden, der mir nach der dritten Fehlgeburt sagt, dass das Wetter draußen doch so schön ist. Ich brauche eine – Achtung, Ironie! – mütterliche Freundin, die mich in den Arm nimmt, meinen Kummer aushält und sich meine Wut anhört. Einen Mann, der meine Verzweiflung mitträgt. Was ich nicht brauche: gute Ratschläge.

In diesem Buch erzähle ich, was ich unternommen habe, um diese Sehnsucht hinter mir zu lassen. Ich erzähle von allem, was ich ausprobiert habe, damit ich endlich «mein» Kind zur Welt bringe, und von den Möglichkeiten, die sich eventuell noch bieten. Ich berichte aber auch davon, wie niederschmetternd es sein kann, Patentante zu werden (das klassische «Gnadenbrot» für die kinderlose Freundin Ende dreißig). Ich rege mich über Wartezimmer voller Kinderbilder auf und darüber, dass unsereins die Traurigkeit überall findet, selbst wenn wir uns vorsorglich im schönsten kinderfreien Hotel verkrochen haben.

Dieses Buch habe ich für betroffene Frauen geschrieben. Für ihre Männer. Für Großeltern, die keine werden. Und für alle anderen Angehörigen und Wegbegleiter. Frauen mit unerfülltem Kinderwunsch sollten Schmerz und Wehmut artikulieren dürfen, ohne dass sich jemand aus lauter Hilflosigkeit genötigt fühlt, ihnen «Patentrezepte», die keine sind, um die Ohren zu klatschen. Und Partner, Verwandte und Freunde sollten erfahren, wie es ist, mit der Sehnsucht nach Kindern zu leben – dass es sich damit sogar ganz gut leben lässt, zumindest zwischen dem letzten Traurigkeitsanfall und dem nächsten. Wenn der Klapperstorch sich ständig verfliegt, darf frau ruhig wütend, traurig und verzweifelt sein. Das ist okay.

Dieses Buch wird wütend und traurig und witzig sein, und ich hoffe, dass es trotzdem oder vielleicht auch gerade dadurch sensibilisiert. Es soll eine Diskussion anstoßen, Verständnis dafür schaffen, dass wir Frauen mit Kinderwunsch ernst genommen werden möchten, dass wir ein gleichwertiger Teil der Gesellschaft sind wie Mütter auch. Wir möchten, dass man uns auf Augenhöhe und ohne leicht genervten Mitleidsblick begegnet – und nicht einfach stillschweigend abwartet, bis sich bei uns das Problem von selbst erledigt, weil das eingebaute Verfallsdatum überschritten ist.

*Anna Schatz*
*Hamburg, im Frühjahr 2019*

# MUTTER DER NATION

Als ich noch ganz klein war, so knapp über Esstischhöhe, wollte ich unbedingt ein Junge sein. Vielleicht, weil ich meinen großen Bruder glühend verehrte oder weil ich einfach ein wenig emotionales, mädchenaffines Zuhause hatte. Ich spielte zwar mit Puppen, aber nie die klassische Mutter-und-Kind-Version; meine armen Puppen mussten stattdessen ständig in die Schule gehen. Der Wandkalender in meinem Kinderzimmer zeigte keine Tierbabys oder Trickfilmhelden, sondern Bilder von Kindern aus fremden Kulturen.

Da ich sehr früh lesen konnte, blieb mir nicht verborgen, dass Kinder in anderen Kulturen oft in sehr schlimmen Situationen aufwuchsen. Mein bester Freund zu Kindergartenzeiten war in Thailand geboren und zur Adoption freigegeben worden, und ich stellte mir oft vor, wie es wäre, ein Kind wie ihn aus dem Heim zu retten. Die Kalender von *Terre des Hommes* oder *Brot für die Welt* taten ihr Übriges, dazu saugte ich Zeitungsartikel über Kinderarbeit regelrecht auf – ich malte mir oft aus, wie es wohl war, in diesen fremden Welten zu leben, versuchte nachzuempfinden, was ein Kind brauchte, um wieder Vertrauen zu fassen zu den Erwachsenen.

Daran, selbst Mutter zu werden, dachte ich damals noch gar nicht. In meiner Phantasie war ich entweder ein aus der Teppichfabrik geflohenes Kind oder unterrichtete als

Erwachsene gerettete Kinder. Ich liebte meine Puppen und Kuscheltiere und dichtete ihnen Charaktereigenschaften an, als wären sie Menschen – und je älter ich wurde, desto wichtiger wurde es in meinen Spielen, sie zu beschützen vor Gefahren, die ich selbst nicht benennen konnte. Daraus reifte nach und nach der Wunsch, später einmal SOS-Kinderdorf-Mutter zu werden. Darüber sprach ich mit niemandem – ich befürchtete, mein Umfeld könnte diesen Wunsch nicht ernst nehmen oder als Hirngespinst abtun. Und kaum etwas verletzte mich in meiner kindlichen Seelenwelt mehr als Spott oder Herablassung in Bezug auf die Dinge, die mich wirklich beschäftigten.

Konkreter wurde mein «exotischer» Berufswunsch, als mein Frauenarzt mir erklärte, ich könne keine Kinder bekommen. Nun ja, so eine Information kann man, wenn man sechzehn ist, nicht wirklich in ihrer ganzen Tragweite erfassen. Ich nahm sie zur Kenntnis, zumal ich wusste, dass man dieselbe Diagnose auch meiner Mutter gestellt hatte. Daran, dass ich ihre Tochter bin, merkt der aufmerksame Leser, dass derlei Auskünfte allerdings nicht unbedingt in Stein gemeißelt sind.

Mit siebzehn Jahren wurde bei mir Brustkrebs vermutet – ein Verdacht, der sich zwar glücklicherweise nicht bestätigte, den Wunsch, Mutter zu werden, aber auch nicht gerade befeuerte. Ohnehin wurden jetzt andere Dinge wichtiger – ich zog zu Hause aus und bei meinem Freund ein und führte plötzlich ein «Doppelleben» als Schülerin und Hausfrau.

Mittlerweile wusste ich, dass man als SOS-Kinderdorf-Mutter mindestens 35 Jahre alt sein musste – bis dahin war es also noch *ewig*. Doch je länger ich mit meinem Freund zusammenlebte, desto stärker wurde der Traum, später Kinder zu adoptieren. In der Schule sprach ich oft davon, dass ich mindestens fünf Kindern ein Zuhause geben wollte, daher vermutlich auch der Berufstipp «Mutter der Nation» im Abi-Jahrbuch. Zudem mutierte ich durch meine doch recht erwachsene Wohnsituation zu einer Art Frau Dr. Sommer für viele Mitschüler – sie vertrauten sich mir an oder wollten hören, wie das denn so sei, nicht mehr bei den Eltern zu leben. Bestimmt ging ich einigen von ihnen mit meinem altersunüblichen Hausfrauenleben auch gehörig auf die Nerven. Nichtsdestotrotz stand auch in den Jahrbuch-Rubriken «als Erste verheiratet» und «als Erste schwanger» mein Name – und ich träumte immer öfter von einem Haus, einem Garten und Kindern verschiedenster Nationen, die bei mir behütet aufwachsen sollten.

In diese Zeit fiel auch meine erste Konfrontation mit dem Thema Abtreibung. «Wie kann die nur so bescheuert sein und es nicht wegmachen lassen?», fragte mein Bruder, als eine Kommilitonin mitten im sechsten Semester mit Zwillingen schwanger wurde. Noch dazu von einem namenlosen One-Night-Stand – sie würde also bald alleinerziehende Mutter von zwei Kindern sein, und das ohne Studienabschluss. Ganz gegen meine Gewohnheit, meinem geliebten Bruder in allem zuzustimmen, erwiderte ich nichts. Doch sein Satz gab mir zu denken. Wie leichtfertig er mit Abtreibungen umging! Wieso war es «bescheuert», sich für ein Kind zu entscheiden, Studium hin oder her? Warum brauchte frau in unserer Gesellschaft eine Rechtfertigung, wenn sie ihr Kind zur Welt bringen wollte? Ich konnte meinen Bruder verstehen, aber innerlich ergriff ich Partei für die Studentin. Sie wollte Mutter werden, das war ihr gutes

Recht, und es war ebenfalls ihr gutes Recht, Prioritäten zu setzen. Mir ging die Einstellung auf die Nerven, mit Kind sei auf einmal alles vorbei: Studium, Karriere, ein eigenes Leben. Nichts ist vorbei – es fängt etwas Neues an, es geht eben nur anders weiter als bisher.

Es musste doch möglich sein, zu einem Kind ja oder nein zu sagen, ohne sich dafür vor anderen rechtfertigen zu müssen! Schon bald wurde ich mit einem anderen Beispiel konfrontiert. Unsere Nachbarn hatten Jahre zuvor zwei Jungen aus Mexiko adoptiert – damit standen sie in unserer bürgerlich-beschaulichen Straße ganz oben auf dem Gutmenschen-Treppchen. Außerdem blieb die Mutter zu Hause, der Mann ging arbeiten, die Kinder wurden größer, und es kam noch ein leibliches Kind dazu. Als der ältere Adoptivsohn mit achtzehn Jahren Vater eines kleinen Jungen wurde, hing dann der Haussegen schief. Denn die Gutmenschen-Eltern kritisierten nun, dass die junge Mutter zu lange gewartet habe und eine Abtreibung nicht mehr möglich gewesen sei. Ich konnte es nicht fassen: Ausgerechnet diesen Nachbarn, die Kinder adoptiert hatten, denen spät ein eigenes Kind geschenkt worden war und die nun Großeltern wurden – ausgerechnet ihnen wäre eine Abtreibung lieber gewesen? Meine Mutter und ich waren in unserer Bestürzung vereint, und ich begriff, dass ich selbst einen Schwangerschaftsabbruch niemals über mich brächte. Zumindest hoffte ich das, wohl wissend, dass Situationen Menschen zu Dingen zwingen können, die sie nie für möglich gehalten hätten. Ich hoffte weiter, mich niemals in einer derartigen Situation wiederfinden zu müssen. Zur Ehrenrettung meiner Nachbarn muss ich sagen, dass sie offenbar ganz zauberhafte Großeltern geworden sind und mittlerweile schon zwei

Enkelkinder haben. Aber ich wusste nun, dass die Entscheidung für oder gegen ein Kind oft aus Sachzwängen heraus nicht leicht zu treffen war.

Als ich im zweiten Semester Medizin studierte, wurde dann eine Kommilitonin und Freundin von mir schwanger – obwohl sie die Pille nahm und nur noch einen Eierstock hatte. Sie war mit dem Vater nicht zusammen, neunzehn Jahre alt und eher der unstete Typ, hatte einen wachen Verstand und ein träumerisches Wesen. Ihre Vorlesungsmitschriften waren voller kunstfertiger Kritzeleien, und manchmal konnte man den Eindruck gewinnen, dass sie über ein enzyklopädisches Wissen verfügte. Wie ein Schwamm saugte sie alles auf, nicht nur den Lernstoff. Sie war leicht abzulenken, und Erwachsenwerden stand bei ihr eigentlich noch nicht auf der Agenda.

Und jetzt würde sie also selbst Mutter werden. Die einhellige Meinung der Mitstudenten und Freunde lautete: «Das schafft sie nicht, die Marie-Christin, sie ist doch schon mit Pünktlichkeit überfordert …» Am Anfang des Studiums ein Kind bekommen? Quatsch! Lieber schön der Reihe nach: erst abtreiben, dann fertig studieren und anschließend Kinder auf die Welt bringen. Alle setzten sie unter Druck, mischten sich ein – alle, bis auf ihre Eltern und mich. Ich war überzeugt, dass sie es schaffen, ihr Leben umplanen und glücklich werden könnte. Ich glaubte fest daran, dass in ihr eine liebevolle Mama steckte. Das Studium beenden konnte sie später auch noch.

Da kam ein Kind, das war doch ein Grund zur Freude. Und wer konnte schon wissen, ob es mit dem Mutterwerden klappen würde, später, wenn es lebensplantechnisch dann endlich passte? Ich wollte mir lieber nicht vorstellen, wie schlimm es wäre, ein Kind abzutreiben und Jahre später vergeblich zu versuchen, eines zu bekommen. Würde man dann nicht die Kinderlosigkeit als Strafe für die vergebene Chance empfinden? Ich sagte Marie-Christin, dass ich sie unterstützen würde, und ließ sie ansonsten in Ruhe. Als die Schwangerschaft schon fortgeschritten war, lernte ich ihre Mutter kennen. Sie begrüßte mich mit den Worten: «Du bist also die Einzige außer uns, die sich freut. Aber warum soll man sich nicht freuen, wenn neues Leben entsteht?»

Mit Mitte zwanzig – ich hatte nun bereits mehrfach mit Schwangerschaften und den unterschiedlichen Reaktionen darauf zu tun gehabt – kam ich erstmalig mit einem Mann zusammen, der ein Kind hatte. Ich selbst konnte ja aus medizinischer Sicht überhaupt nicht schwanger werden. Entsprechend richtete ich mein Leben ein und genoss die Beziehung mit einem Mann, der bereits Vater war – so konnte ich an den Wochenenden eine Art «Zweitmami» sein und war glücklich, als der Junge mich als solche auch seinen Freunden vorstellte. Mehr Mutterschaft würde es in meinem Leben nicht geben, dachte ich. Mir war bewusst, dass ich vermutlich irgendwann traurig darüber sein würde, keine eigenen Kinder haben zu können, aber ich freundete mich eben mit dem Gedanken, kinderlos zu sein, an, so gut es ging.

Bis ich mit unklaren Blutungen beim Frauenarzt saß: Ich hatte eine Fehlgeburt gehabt – natürlich ohne die Schwangerschaft geahnt zu haben. Meine Periode kam immer wieder unregelmäßig, und ich verschwendete nicht viele Gedanken auf Verhütung. Die Tage nach der Diagnose funktionierte ich wie ferngesteuert, wartete wie betäubt auf die

Ausschabung. Innerlich wie tot, schlug ich im Aufwachraum die Augen auf und verschwieg meinen namenlosen Kummer tagelang dem Rest der Welt. Das Gefühl, versagt zu haben, lastete wie Blei auf mir.

Aber nun hatte ich ihn: den Beweis, dass ich schwanger werden konnte. Das änderte alles. Die Sehnsucht nach einem Kind war geboren.

# NICHTS ZU BIETEN

Zwei Jahre nach der Fehlgeburt besuchte ich meine Tante. Ihr Haus ist für mich immer ein Stück Heimat gewesen. Es schien mich zu umarmen, wenn ich durch die Tür ins Wohnzimmer kam, hieß mich willkommen und versprach mir ein schönes Wochenende, nach dem man sich verabschiedet und denkt, man sollte viel öfter zu Besuch kommen.

Die Küche war ganz in Orange gehalten. In einem Siebzigerjahre-Orange, aber das störte mich nicht. Die Kaffeemaschine gluckerte immer verheißungsvoll, und welches Unwetter draußen auch tobte – drinnen war es stets angenehm warm. Wir standen an die Anrichte gelehnt, und meine Tante erzählte mir von meiner Großmutter, an die ich leider keine Erinnerung mehr habe, weil sie starb, als ich drei Wochen alt war. Meine Großmutter hat sich so über jedes Kind gefreut, das auf die Welt kam. Meine Tante wurde selbst gerade zum ersten Mal Großmutter, und ihre Begeisterung darüber war so herzerwärmend, dass ich im Stillen das ungeborene Kind zu den fabelhaften Großeltern beglückwünschte, das es haben würde. Natürlich sprachen wir darüber, warum ich, mittlerweile geschieden und Anfang dreißig, noch keine Kinder hatte. Es sei doch so schade, wenn man die eigenen Talente nicht weiterreiche, und ich hätte einem Kind so vieles mit auf den Weg zu geben. Und selbständig denkende Menschen in die Welt zu setzen, sei ja auch irgendwie eine Verantwortung, eine Pflicht gegenüber allen Mitbürgern.

Dieses innere Verantwortungsgefühl spürte ich zuweilen ebenfalls. Mein Einwand, dass Kinder leider nicht vom Himmel fielen, verhallte zwar nicht ungehört, aber die Mahnung, nicht die Hoffnung aufzugeben, kam wie aus der Pistole hinterhergeschossen. Ein Lebensziel, nein, *das* Lebensziel schlechthin war meiner Tante zufolge nicht etwa ein Beruf, der einen ernährte und erfüllte, sondern die Familiengründung. Meine Tante ist sehr verständnisvoll und warmherzig, aber ich hörte nur eine Botschaft heraus: «Du vergeudest deine Zeit, wenn du nicht Mutter wirst.»

Da stand ich nun in dieser Küche, starrte auf das Muster des PVC-Bodens und wartete darauf, dass es vor meinen Augen nicht mehr verschwamm. Küchenfußböden sind treue und belastbare Begleiter. Und sie erzählen mit jedem Riss, jedem Brandfleck die Geschichten, die sich dort zugetragen haben. Egal, in welcher Küche man sich streitet oder anlacht, man wird auf dem Boden immer irgendetwas finden, was sich zu fixieren lohnt. Auch in einer reinweißen Küche sieht man auf dem Boden diesen einen schwarzen Riss in der Fliese, über den sich der Küchenbewohner immer wieder ärgert. Ich für mein Teil hätte liebend gern einen Küchenfußboden mit Fliesen voller Macken, die von den Bobbycars und Wutausbrüchen meiner Kinder stammen. Stattdessen bin ich selbst drei Tage, nachdem ich mein erstes Kind verloren hatte, weinend auf dem Küchenfußboden zusammengebrochen.

In der Küche meiner Tante blickte ich auf einen anderen Fußboden und spürte dennoch einen vertrauten Schmerz. Ich widerstand der Versuchung, mich auf den Boden sinken zu lassen, bis ich allein im Haus war. Dann probierte ich aus, ob diese Küche auch eine so beruhigende Wirkung hatte wie meine. Während ich so dasaß, wanderte mein Blick die orangefarbenen Schrankwände entlang. Kein Jahr mehr, dann würden in dieser Küche kleine bunte Beißringe von der Arbeitsfläche fallen und Fläschchen umgedreht in der Spüle trocknen und …

Ich unterbrach die Gedankenspirale abwärts und rief mich zur Ordnung. Eigentlich war mein Leben doch schön, ich hatte die uneingeschränkte Kontrolle darüber, anders als jede Mutter mit Kindern. In meinem Leben bestimmte niemand außer mir, wann ich schlafen ging oder aufwachte. Es gab keinen krabbelnden Wecker, der mir den Tagesablauf diktierte und alle meine Pläne krähend durcheinanderwirbelte. Mein Leben hatte eine Menge Vorzüge, die Eltern nur noch aus der Ferne kennen. Du hast Freiheiten, sagte ich mir, also genieße sie! Sei stark, sei klug, nutze deine Talente! Und geh laufen. Laufen hilft.

Also ging ich laufen. Und was sah ich, kaum dass ich den ersten Frustkilometer heruntergerissen hatte? Eine rauchende Mutti mit Säugling und Kleinkind. Da war es wieder, dieses Gefühl der Ungerechtigkeit. Dieses Wissen, dass dort jemand zwei Kinder hat, und ich, ich habe Fähigkeiten, und das war's. Zu allem Überfluss rauchte diese Mutter und schadete damit nicht nur ihrer eigenen Gesundheit, was Privatsache gewesen wäre, sondern auch noch der ihrer eingenebelten Kinder. Und wenn ich sie gefragt hätte, warum sie das tat, hätte sie sagen können, dass es mich nichts angehe.

Ich kam ins Grübeln. Ging es mich wirklich nichts an? Wie konnte mir meine Tante mehr oder weniger knallhart zu verstehen geben, meine Kinderlosigkeit sei ein verdammenswerter Verrat an der Gesellschaft, und fremde Mütter durften ungerügt die Gesundheit ihrer Brut schädigen? Es wird einem immer suggeriert, man dürfe sich nicht in die Kindererziehung anderer Leute einmischen, schon gar nicht, wenn man selbst keine Kinder habe. Todsünde! Dann darf man weder die Erziehung noch die Ernährung oder das elterliche Verhalten kritisieren – denn: «Das kannst du doch gar nicht beurteilen. *Du* hast ja keine Kinder.»

Umgekehrt, so dachte ich weiter, während ich mir die Lunge aus dem Leib lief, darf jeder seinen Senf dazugeben, wenn jemand keine Kinder hat, und darf sagen, was der Betreffende falsch macht. Kinderlose darf man nach Herzenslust kritisieren und beurteilen, immer gern frei von der Leber weg. Eltern nicht. Mütter sind für Nichtmütter sakrosankt: Finger weg!

Hatte ich trotz meiner Begabungen und Fähigkeiten weniger in die Waagschale zu werfen als diese rauchende Mutti, die in meinen Augen verantwortungslos handelte? Sicher nicht. Warum fühlte ich mich trotzdem kleiner und wertloser als sie? Und warum spürte ich Trauer, wenn ich an meine Tante dachte, die Babymützchen in Erdbeerform strickte, und Schuldgefühle, weil ich meiner Mutter nicht dasselbe Vergnügen bieten konnte? Zur Entlastung meiner Mutter sei gesagt, dass sie vermutlich die Letzte ist, die mir das vorwerfen würde. Ich würde es ihr nur eben so sehr gönnen, Enkelkinder zu haben.

Nach dem Laufen stand ich tränenblind unter der Dusche, aber das Gedankenkarussell wollte nicht aufhören, sich zu drehen. Mein kinderloser Cousin hat einmal gesagt, es wundere ihn nicht, dass seine Mutter ihn seltener besuche als seinen kinderreichen Bruder, er habe – so ganz allein mit seiner Frau – ja auch weniger zu bieten. Mal abgesehen davon, dass er recht hatte: Was soll das eigentlich, bitte schön, heißen? Werden Familienbesuche nach einer Art Ranking zugeteilt, das nach Anzahl der Kinder in der Zielfamilie ermittelt wird? Müssen die Kinderlosen sich ganz selbstverständlich hinten anstellen, wenn es um die Planung gemeinsam verbrachter Quality Time geht? Weil sie, zugespitzt formuliert, nämlich weniger wert sind?

Dabei will ich nicht alle über einen Kamm scheren. Ein anderer Zweig meiner Familie wiederum sieht das Ausbleiben von Nachwuchs nämlich eher pragmatisch: Kinderlos zu bleiben, sei durchaus vernünftig, weil so etwaige familiäre Erbkrankheiten nicht weitergegeben würden. Keine Kinder zu haben, bedeutet also nicht nur, der Gesellschaft nützliche Fähigkeiten vorzuenthalten, sondern eben auch Makel.

Und nun? Unterm Strich sagen die einen also, ich solle meine verdammte Pflicht und Schuldigkeit der Gesellschaft gegenüber tun und mich vermehren. Die anderen halten dagegen, ich solle vorsichtshalber die Büchse der Pandora zulassen und meine Gene lieber nicht weitergeben.

Und ich? Ich sage: «Ihr könnt das nicht beurteilen, ihr habt schließlich Kinder.»

# MÄNNER HABEN'S AUCH NICHT LEICHT

Lange bevor mein Kinderwunsch konkret wurde, sah ich eine etwas krude Familienkomödie, die vermutlich in den Neunzigern gedreht war. Uschi Glas spielte eine Tante, die beim Kaffeetrinken mit der Familie die Kinderlosigkeit der Nichte kommentiert: «Wenn beim Mann alles in Ordnung ist, dann kommen die Kinder von selbst. Es liegt immer am Mann.»

Mich beeindruckte das damals sehr – weil es falsch war und ich trotzdem wusste, dass es die Meinung einer ganzen Generation widerspiegelte. Der Mann wird als der Schuldige hingestellt, vor allen Anwesenden. So ein Unsinn! Klar, es kann am Mann liegen. Genauso gut kann es aber auch an der Frau liegen, an allen beiden oder an keinem. Das Einzige, woran der Mann wirklich «schuld» ist, ist das Geschlecht des Kindes.

In die gleiche Kerbe schlug ein paar Jahre später die Begegnung mit einem Paar, das sich Kinder wünschte. Sie hatten bereits alle natürlichen Möglichkeiten ausgeschöpft und sahen gerade einer künstlichen Befruchtung entgegen. Der Kommentar der Frau: «Es geht eben nicht anders, weil Torbens Spermien null Beweglichkeit haben.» Ich hatte sofort Mitleid mit Torben und wurde ärgerlich auf die Frau an seiner Seite. Wie konnte sie so emotionslos und flapsig herausposaunen, was sie beide sicherlich schon sehr lange umtrieb und für manche durchtrauerte Nacht gesorgt haben mochte? Ich fand es ihm gegenüber sehr unfair und respektlos, und es kam mir so vor, als würde er ihre Worte mit einer schuldbewussten Resignation hinnehmen – so, als wagte er nicht zu protestieren, weil er ja wusste, dass sie recht hatte. Schlimmer noch, weil er dankbar sein musste, dass sie, deren Fruchtbarkeit anscheinend über jeden Zweifel erhaben war, trotzdem von ihm ein Kind wollte, bei ihm blieb, die Kinderwunschklinik besuchte. Glaubte sie ernsthaft, nur weil das Baby in uns Frauen heranwächst, wären die Männer vor Scham, Traurigkeit und Sehnsucht im Angesicht der Kinderfrage gefeit?

Der Weg zum Kind ist eine Einbahnstraße, die Paare gemeinsam nehmen, die Frauen *und* die Männer. Wenn sich nur einer von beiden darin festfährt, dann bleibt der andere doch nicht vorn an der Abzweigung stehen, sondern ist an der Seite des Partners. Dann hält er dessen Verzweiflung und Traurigkeit aus und trägt sie mit. Denn wer liebt, will den anderen nicht leiden sehen.

Was sich dennoch oft nicht vermeiden lässt, gerade wenn sich die Erfüllung des Kinderwunsches schwierig gestaltet. Wenn ich zum Beispiel mit dem Bus zu meiner Mutter fahre, bietet sich mir an einer ganz bestimmten Haltestelle oft ein herzzerreißendes Bild – genauer gesagt an der Bushaltestelle Kinderwunschklinik. Natürlich heißt diese Haltestelle nicht wirklich so, sondern ist nach der Straße benannt. Aber jeder, der hier aussteigt, verbindet die Haltestelle mit dem großen weißen, modern-sterilen Gebäude an der Ecke. Im Erdgeschoss liegen eine Apotheke, ein Bäcker und ein Juwelier. Zwischen der Apotheke und dem Bäcker befindet sich eine große Schiebetür, die in das Herz des Hauses führt, und in Großbuchstaben steht darüber: GYNÄKOLOGISCHE TAGESKLINIK.

Natürlich werden in so einer Klinik die verschiedensten Eingriffe durchgeführt: Abtreibungen, Ausschabungen, Bauchspiegelungen. Aber eben auch In-vitro-Fertilisationen oder Inseminationen und alles andere, was unter das Schlagwort «künstliche Befruchtung» fällt. Kein Wunder, dass man schon von der Bushaltestelle aus verschiedenste Dramenakte beobachten kann, die sich vor dem Eingang abspielen. Da wären zunächst die Paare, die sich der gläsernen Schiebetür zuwenden, sich vorher noch mal ansehen, an den Händen fassen und dann die Klinik betreten. Man sieht ihrer aufrechten Haltung die Hoffnung an, die Befreiung und Erleichterung, denn sie sind ja dabei, etwas zu unternehmen, können einen Moment lang ihre Sorgen in die Hände der Ärzte legen. Dann gibt es die Paare, die noch sehr jung sind – er drückt seine Freundin an sich, bevor sie hineingehen, ermunternd und hoffnungsvoll, denn das Problem der ungewollten Schwangerschaft ist nun bald aus der Welt geschafft. Aber es kommen leider auch sehr viele Frauen, die mit demselben «Problem» die Klinik betreten, allein, in Begleitung der besten Freundin oder der Mutter. Sie wirken in sich gekehrt, als sehnten sie sich danach, sich einfach nur die Decke über den Kopf ziehen zu können und die Welt draußen zu lassen.

Oder man sieht Paare die Klinik verlassen, schnellen Schrittes geht es durch die Tür. Sie stehen kurz voreinander, dann fängt die Frau zu weinen an, vollkommen aufgelöst, sie weiß gar nicht, wohin mit ihrer Trauer. Sie wünscht sich die Umarmung ihres Partners – doch auch sie hilft nicht, die Frau macht sich los, ihr Schmerz erträgt weder Nähe noch

Distanz. Es hat mal wieder nicht geklappt. Der Mann steht neben ihr, Hilflosigkeit spricht aus seinen hängenden Schultern, denn er weiß nicht, was er tun soll, und er kann auch nichts tun. Kann kein Pflaster aufkleben, den Schmerz nicht wegpusten, den er ja selbst auch spürt – dabei meint er doch, stark sein zu müssen für seine Frau.

Wer tröstet diese Männer? Wer hilft ihnen? Sie helfen sich selbst, suchen sich eine Aufgabe, die ihnen das Gefühl gibt, irgendetwas tun zu können. Also nehmen sie der Frau ein Rezept ab und gehen in die Apotheke nebenan. Was immer sie auch holen, ob Hormonspritzen für den nächsten Versuch oder Schmerzmittel, sie lassen sich gern obendrein Entspannungsbäder oder Nahrungsergänzungsmittel aufschwatzen, denn sie wollen ihrer tieftraurigen Frau da draußen etwas Gutes tun. Die nächsten Stunden werden schwer sein, sie werden nach Hause in die leere Wohnung kommen, in der das Gästezimmer noch immer kein Kinderzimmer werden darf. Sie werden eine Weile gemeinsam schweigen oder sich gegenseitig fragen, ob sie Hunger haben, weil sie einander ihre Fürsorge zeigen wollen.

Irgendwann wird die Frau von der Traurigkeit erschöpft einschlafen, nur der Mann wird ruhelos bleiben, einkaufen, ein Regal zusammenschrauben oder im Garten werkeln. Nur nicht ausruhen, nicht grübeln. Er muss jetzt Haltung beweisen, glaubt er, und sicher hilft einigen Männern dieses Gefühl auch. Vielleicht ist es ihr Weg, mit der Situation zurechtzukommen. Es hat zwar nicht geklappt, aber der Mann ist jetzt nicht nutzlos, er hat die Aufgabe, seine Frau zu trösten. Als mein Bruder ebenfalls in dieser Situation war, sagte er zu mir: «Wenn es beim dritten Mal wieder nicht klappt, dann muss ich ihr wohl einen Hund kaufen.» Mein Bruder kann mit Hunden nichts anfangen, aber er hatte immerhin einen Plan, wie hilflos er auch sein mochte.

Männer, die ihre Frauen in die Klinik begleiten, sind es übrigens meiner Meinung nach auch, die dem Juwelier neben dem Klinikeingang den meisten Umsatz bringen. Sie halten es nicht lange allein im Wartezimmer aus – stattdessen fragen sie am Empfang, wie lange es wohl noch dauert, und stellen sicher, dass ihre Handynummer bekannt ist, um erreichbar zu sein. Dann gehen sie hinunter zum Bäcker, trinken einen Kaffee, «to go» vermutlich, weil sie keine Ruhe zum Sitzen haben. Dabei schlendern sie an der Auslage des Juweliers vorbei, eigentlich, um sich die Uhren anzusehen; aber ihr Blick bleibt an einer Kette oder einem Ring hängen, und sie überlegen, ob sie ihrer Frau eine Freude machen sollen.

Dabei braucht ihre Frau etwas anderes, wenn sie in der Klinik ist, um nach einer Fehlgeburt eine Ausschabung über sich ergehen oder sich sagen zu lassen, dass die In-vitro-Fertilisation fehlgeschlagen ist. Sie will kein Gold, sie will ein Kind! Deshalb ist ihr mit Nähe mehr geholfen, mit dem Gefühl, dass ihr Mann bei ihr ist und sie nicht im Stich lässt. Zumal eine Kinderwunschbehandlung genug Geld kostet, eine zusätzliche Belastung, die nicht zu unterschätzen ist und kleine goldene Geschenke bis auf weiteres verbietet.

Meine Nichte Julia zum Beispiel ist bei der dritten In-vitro-Fertilisation entstanden – drei Versuche bezahlt die Krankenkasse. Meine Mutter erklärte, sie werde einen vierten Versuch bezahlen, wenn es nötig sei, damit ihr Sohn und ihre Schwiegertochter diesen Druck nicht hätten. Ich glaube, dass auch diese Entlastung ihren Teil dazu beigetragen hat, dass ich jetzt Tante sein darf. Eine In-vitro-Fertilisation kostet immerhin 10 000 Euro. Wenn man sämtliche «Nebenkosten» wie Medikamente, Ernährungsunterstützung und Arztbesuche mit einrechnet, können es auch schnell 20 000 Euro werden. Wer schüttelt das schon aus dem Ärmel?

Übrigens kann natürlich über der Kinderfrage auch die ganze Beziehung ins Wanken geraten. Falls es an der Frau liegt, dass sich keine Schwangerschaft einstellt, soll es schon vorgekommen sein, dass sich der zugehörige Mann eine andere Frau gesucht hat, um mit ihr eine Familie zu gründen – und zwar dann, wenn der Mann sich so sehr wünscht, Vater zu werden, dass seine Liebe zu der Frau erkaltet, die ursprünglich Mutter seiner Kinder hatte werden sollen. Umgekehrt werden sich auch die Frauen, die sich ein Kind wünschen, irgendwann entscheiden müssen, ob sie mit einem Mann zusammenbleiben, der keine Kinder will oder der keine Kinder zeugen kann und sich künstlichen Befruchtungsmethoden verweigert. Wenn beide Partner in diesem Punkt nicht an einem Strang ziehen, wird das unweigerlich zur Zerreißprobe für die Beziehung.

Und «Es liegt immer beim Mann» ist eine demütigende und einseitige, unwahre Aussage. Selbst wenn es am Mann liegen sollte, ist das etwa weniger tragisch?

Mir fällt dazu ein Beispiel aus meinem Umfeld ein. Deborah und Arndt haben sich spät kennengelernt und schnell geheiratet. Deborah ist Notärztin, Arndt Staatsanwalt. Sie sind DINKS – double income, no kids, wie es neudeutsch heißt. Beide haben Karriere gemacht, beide sind 39, und Deborah wünscht sich nun eine Familie. Arndt findet das «okay» – er will nicht um jeden Preis Kinder, die Frage stellte sich bisher auch nie, aber jetzt, da er beschlossen hat, mit Deborah sein Leben zu verbringen, warum nicht? Sie probieren es ein, zwei Jahre. Dann suchen sie die Kinderwunschklinik auf und stellen fest, dass keiner von beiden das Problem ist. Es gibt keine medizinische Erklärung, warum sie keine Kinder bekommen. So weit, so gut. Oder auch nicht.

Der Menstruationskalender hängt inzwischen mit Zwinkersmiley-Magnet fixiert am Kühlschrank, fruchtbare Tage sind mit Herzchen gekennzeichnet. Sie pflanzen schon mal einen Baum. Arndt beginnt, unter Deborahs unterschwelligem Vorwurf zu leiden, er gebe sich nicht genug Mühe, weil es ihm ja mit dem Nachwuchs nicht so wichtig sei. Voller Schuldgefühle bemüht er sich noch mehr um Deborah, tröstet sie, fährt mit ihr an Herzchentagen in romantische Hotels und hört auf, ihr von dem zu erzählen, was ihn beschäftigt – sie soll sich ja entspannen.

Am Anfang ihrer Ehe treffe ich sie noch oft, sie gehen aus, unternehmen mehrtägige Radtouren, sind aktiv und gesellig. Doch dann dominieren plötzlich Arztbesuche, Meditationskurse und vor allem der alte Feind, der Fruchtbarkeitskalender, ihren Alltag. Ich sehe sie weniger, und wenn doch, dann weiß ich nicht recht, was ich sagen soll. Immer öfter kommt mir der Gedanke, dass sie doch kinderlos auch ganz happy sein könnten. Dass sie auch so gewirkt haben, bis – ja, bis die biologische Uhr immer unbarmherziger und immer lauter tickte und Deborah und Arndt auf einmal nicht mehr das Ehepaar waren, sondern das kinderlose Paar, bei dem es nicht klappte. Deborah verliert sich zunehmend an einen Wunsch, den Arndt ihr nicht erfüllen kann, ihre einst unbeschwerte Ehe lebt nur noch von Eisprung zu Eisprung, der Austausch von Gefühlen und Gedanken außerhalb der Familienplanung findet keinen Raum mehr.

Es kommt, wie es kommen muss. Arndt verbringt mehr Zeit im Büro, nimmt an Konferenzen außerhalb der Stadt teil, und er findet immer häufiger in einer Kollegin die aufmerksame Gesprächspartnerin, die Deborah zu Hause nicht mehr ist. Katy ist 29 und verliebt sich in Arndt. Sie verlässt sogar ihren Mann, weil sie ihn nicht betrügen will. Anders Arndt, der nie vorgehabt hat, Deborah zu hintergehen. Er will sie nicht verlassen, Katy ist für ihn nicht mehr als eine Affäre, mit der Sex wieder Selbstzweck ist, mit der man im Bett lachen kann. Arndt genießt es, wieder Verlangen und Lust zu erleben, statt verkrampft auf die Periode von Deborah zu warten. Es gefällt ihm, dass eine Frau ihn will und nicht nur zum Sex einlädt, wenn der Kalender es diktiert. Katy hilft ihm, sein angekratztes Selbstbewusstsein wieder aufzupolieren.

Gleichzeitig quälen Arndt Schuldgefühle. Die ahnungslose Deborah wiederum quält es, 42 und noch immer kinderlos zu sein. Streit ist bald an der Tagesordnung, und so schlägt Deborah eine Paartherapie vor. Da sitzen sie also auf dem roten Sofa der Therapeutin und wissen nicht weiter, weil Arndt langsam die Geduld verliert und Deborah in ihm nur den zukünftigen Vater sehen will. Sich selbst betrachtet sie bereits als werdende Mutter und übernimmt kaum noch Nachtschichten, da ein stabiler Biorhythmus die Chancen erhöht, schwanger zu werden. Arndt wiederum möchte bei der Therapeutin erklären, wie es ihm geht, da sich zu Hause doch alles nur noch um Deborahs Kinderwunsch dreht. Er beichtet seine Affäre.

Tränen. Wut. Verzweiflung. Wortreiche Entschuldigungen und therapeutisch angeratener, liebevoll entspannter Versöhnungssex. Nur hat Deborah es jetzt noch eiliger, eine Familie zu gründen. Aus ihrer Sicht *muss* sie jetzt ein Kind bekommen, damit Arndt bei ihr bleibt. Der sich dadurch wiederum nur noch weiter von ihr entfernt.

Katy hört Arndt zu, ist für ihn da, tröstet ihn. Sieht und hört ihn wochenlang nicht, wenn er gerade mal wieder beschließt, ihre Affäre zu beenden, um sich auf die Rettung seiner Ehe zu konzentrieren. Katy ist auch da, wenn er wiederkommt und seine Anspannung bei ihr ablädt. Arndt merkt, dass er mit Katy nicht mehr nur Sex hat. Er hat sich in sie verliebt. Er wollte nie so ein Mann sein, er redet mit Freunden darüber. Auch ich treffe ihn, und ich sehe, dass er nur bei Deborah bleibt, weil er ihr nicht noch mehr weh tun will. Erst wird sie nicht schwanger, und dann verlässt er sie auch noch? Niemals. Aber glücklich ist er auch nicht. Er weiß sich keinen Rat. Ich kann Deborah verstehen – wer, wenn nicht ich! Doch ich begreife auch, dass Arndt gerade sowohl sich selbst als auch Deborah wertvolle Lebenszeit stiehlt, indem er keine Entscheidung trifft. Innerlich hat er sich doch schon lange vor Katy von Deborah getrennt.

Es fällt ihm nicht leicht, doch mittlerweile leidet alles unter der Situation: seine Arbeit ebenso wie seine Gesundheit, denn Sport macht er nur noch, weil Deborah es von ihm verlangt – es verbessert die Spermienqualität. Er hat an nichts mehr Freude, nur noch an Katy, sein Freundeskreis ist ohnehin seit Bekanntwerden der Affäre deutlich geschrumpft. Endlich zieht Arndt die Reißleine.

Deborah lässt das gemeinsame Haus, den gemeinsam gepflanzten Baum hinter sich. Sie kriecht wie ein verwundetes Tier bei ihrer besten Freundin unter und leckt ihre Wunden. Bald wird sie 43, sie bereitet sich auf ein Leben als kinderlose, geschiedene Notärztin vor. Alle Hobbys von früher hat sie in ihrer Fixierung auf den Kinderwunsch aufgegeben. Ihr einziger Trost: Der Freundeskreis steht größtenteils zu ihr, denn die meisten geben ausschließlich Arndt die Schuld. Ich nicht, ich denke, dass es dieser übermächtige Kinderwunsch ist, der großen Anteil an der Entwicklung hat, und dafür kann man niemandem die Schuld geben.

Deborah reicht die Scheidung ein, obwohl sie ab und an noch mit Arndt zur Paartherapeutin geht, um die Trennung zivilisiert über die Bühne zu bringen. Dann zieht Katy bei Arndt ein und wird prompt schwanger. Als ich davon erfahre, ist mein erster Gedanke: Wie vernichtend muss das für Deborah sein! Sie tut mir unendlich leid. Wie gut geht es mir dagegen, die ich ebenso gern Mutter wäre wie Deborah, denn ich habe eine funktionierende Beziehung, ein fröhliches Herz, und ich muss wenigstens nicht mit ansehen, wie der Mann, den ich liebe, mit einer anderen Frau die Familie gründet, auf die in den letzten Jahren all mein Trachten gerichtet war.

Und Arndt? Auch ihn bedaure ich. Jetzt, da es ungeplant geschehen ist, freut er sich auf das Kind. Doch er fühlt sich auch schuldig und hat das Gefühl, sich rechtfertigen zu müssen. Dabei ist ein Kind immer ein Grund zur Freude, und er hat doch auch alles getan, um Deborah die Familie zu geben, die sie sich gewünscht hat. Offensichtlich sollte es einfach nicht sein, so etwas gibt es. Da hilft auch die beste Kinderwunschklinik nichts …

Unterm Strich lerne ich aus diesem Fall, den ich aus

nächster Nähe verfolgt habe: Es ist letztlich egal, an wem es liegt, dass kein Kind kommen will. Darunter zu leiden haben beide Partner. Und alle, die nicht in derselben Situation sind, sollten gefälligst die Klappe halten und sich ihre Bewertungen und Verurteilungen sparen. Für die beiden Betroffenen ist es, wie es ist, nämlich schon schlimm genug.

# KINDERFESTE OHNE KINDER

An Heiligabend 2004 standen wir alle am Check-in des Hamburger Flughafens: meine geschiedenen Eltern, mein Bruder, 28, und ich, 23. Wir waren unterwegs nach Japan, zur Hochzeit meines Bruders mit einer Japanerin.

Der Plan, an Heiligabend zu fliegen, hatte logistische Gründe – die Tickets nach Japan waren an diesem Tag sehr viel günstiger, denn jedermann wollte unter dem Weihnachtsbaum sitzen und niemand in einem Flugzeug. Der fünfstündige Stopover am Frankfurter Flughafen kam uns nicht ungelegen, denn so konnten wir doch noch ein bisschen Weihnachten feiern, bevor uns die fremde Kultur und die Hochzeitsvorbereitungen in Beschlag nehmen würden. Dachten wir zumindest. An den Feiertagen arbeiten jedoch auch auf Flughäfen deutlich weniger Menschen, und so kam es, dass in Frankfurt zwar Weihnachtsmusik aus den Lautsprechern dudelte, jedoch kein einziges Café oder Restaurant geöffnet hatte. Bis auf McDonald's.

Meine Eltern waren beide Religionslehrer und hatten uns Kinder maximal alle zwei Jahre einmal zu McDonald's gehen lassen, und so waren wir vier eindeutig nicht die richtige Zielgruppe für Happy Meals. Und doch, nach einer einstündigen Wanderung durch den bemüht weihnachtlichen und daher umso tristeren Flughafen blieb uns nichts anderes übrig, als auf die unkaputtbaren Plastikstühle zu sinken und unsere Bescherung zwischen Pommestüten und Gartensalat zu begehen – mit einer verschämten kleinen Kerze, an die meine Mutter gedacht hatte. Natürlich war die Stimmung ein wenig angespannt, natürlich wollte das niemand zugeben, und natürlich versuchten wir, ein unverfängliches Gesprächsthema zu finden.

Mein Bruder kam schließlich auf die glorreiche Idee, uns ein wenig auf unseren Japanaufenthalt vorzubereiten. Er erklärte uns das Wichtigste, was man wissen muss, wenn man sich einigermaßen sicher in der japanischen Öffentlichkeit zurechtfinden will: die Sache mit den Toiletten. Wenn man eine Tür mit dem entsprechenden Piktogramm entdeckt hat, ist man nämlich noch lange nicht am Ziel angekommen. Hinter der Männlein- oder Weiblein-Tür gibt es in den größeren öffentlichen Gebäuden noch mindestens drei weitere Entscheidungstüren. Man kann japanisch-traditionell, japanisch-modern oder westlich auf die Toilette gehen. Westlich ist nicht weiter erklärungsbedürftig, mit einem japanisch-traditionellen Loch im Boden kann man auch noch etwas anfangen. Aber japanisch-modern birgt technische Tücken, dank derer man sich schon mal den Hintern verbrennen oder einen Vogelgezwitscher-Hörsturz erleiden kann, da man Sitztemperatur und künstliche Umgebungsgeräusche ebenso wählen kann wie Duschfunktion und Föhn statt Klopapier.

Diese Einzelheiten waren in der Tat wichtig, aber nicht unbedingt das Wunschthema einer bildungsbürgerlichen Familie, die sich an Heiligabend zu McDonald's verirrt hat. Und so schrieb ich auf dem langen Flug von Frankfurt nach Tokio in mein Reisetagebuch: «Das wird so ein Weihnachtsfest werden, von dem man immer wieder erzählt. Es wird im

Laufe der Zeit zu einer Anekdote werden, die der Icebreaker in schweigenden Runden sein kann. Ich freue mich darauf, sie meinen eigenen Kindern zu erzählen: das erste Mal, wenn sie alt genug sind, um die Geschichte überhaupt zu verstehen, das zweite Mal, wenn sie Teenager sind und mich peinlich finden, und das dritte Mal, wenn sie genervt die Augen verdrehen, weil wir Altvorderen schon wieder mit dem Käse anfangen.»

Es wäre mir ja am liebsten, wenn meine Enkel irgendwann milde lächelnd dieser Weihnachtsgeschichte lauschen, aber etwas hat sich seit damals noch nicht verändert: nämlich die Anzahl meiner Kinder.

Immer wenn es die ersten Lebkuchen, Christstollen und Marzipankartoffeln im Jahr zu kaufen gibt – also im Spätsommer –, beginnt für mich die Spießruten-Weihnachtszeit. Spießruten-Weihnachtszeit deshalb, weil ich ständig daran erinnert werde, dass ein Kinderfest ins Haus steht, für das mir die Kinder fehlen. Wenn ich welche hätte, müsste ich mir nämlich im Spätsommer überlegen, ob ich die Parole «Wir kaufen Lebkuchen erst im Advent» oder «Komm, wir naschen schon mal!» ausgebe. Na gut, es hat auch Vorteile, solche Kämpfe nicht ausfechten zu müssen.

Andererseits darf ich auch niemandem erklären, was Weihnachten für mich bedeutet, warum vier Kerzen auf dem Adventskranz stecken und was eigentlich der Nadelbaum im Zimmer zu suchen hat. Gerade in dieser Zeit fällt mir auf, wie gerne ich das täte. Wie es wohl wäre, große Kinderaugen beim ersten Anblick eines Christbaums mit echten, brennenden Kerzen zu sehen? Älteren Kindern zu erklären, dass die Nachbarsfamilie überhaupt nicht Weihnachten feiert, weil sie aus einem anderen Kulturkreis stammt? Genervte Teenager zu überreden, eine Weihnachtskarte an Tante Ilse zu schicken? Die Antworten auf komplizierte Fragen zu Festen und Bräuchen gemeinsam mit dem wissbegierigen Nachwuchs zu ermitteln?

In Japan gibt es das «Fest des vierjährigen Kindes». Ich möchte nicht wissen, wie lange meine Schwägerin darauf hingeschmachtet hat, bis sie selbst Mutter einer Tochter war und das Fest endlich mit Fug und Recht mitfeiern durfte. Denn es ist leichter, eine Fußballweltmeisterschaft zu ignorieren als einen Festtag, der sich vor allem an die Kinder richtet und mit Süßigkeiten zu tun hat. Uns näher ist da sicher Halloween, auch wenn ich kaum glaube, dass irgendein Kind weiß, warum es verkleidet um Süßigkeiten bettelt (das weiß ja nicht einmal ich). Doch dieses ursprünglich amerikanische Fest gehört inzwischen auch bei uns zum guten Ton, und als Eltern macht man eben zähneknirschend mit, weil man die ordnungsgemäße Sozialisation seines Kindes nicht durch ein kleingeistiges Verbot untergraben will. Ich als Nichtmutter habe zum Glück relativ wenige Berührungspunkte mit Halloween. Ich wohne im vierten Stock, unser Haus ist kinderfrei, und außer dass ich mein Auto zum Schutz vor Rasierschaumanschlägen in die Garage fahren muss, habe ich mit dem Spektakel nichts zu schaffen.

Dem Osterfest entziehe ich mich traditionell gern durch die alljährlich fällige Grippe oder einen Krankenhausaufenthalt – schon als Kind hatte ich da wahlweise Lungenentzündung, Windpocken oder Masern. Offenbar ist das einfach nicht meine Party. Kunststück, an Ostern wurde in uralten Zeiten die Rückkehr des Lebens und der Fruchtbarkeit gefeiert, und gerade mit Letzterer habe ich es ja nicht so.

Außerdem wollen zu Ostern erzieherische Entscheidungen getroffen werden, und darum beneide ich keine Mami. Gaukle ich meinem Kind im Brustton der Überzeugung die Existenz des Osterhasen vor, oder mache ich gleich kaltblütig Schluss damit und Tabula rasa? Meine Mutter glaubte als kleines Mädchen fest an den Osterhasen. An ihrem ersten Schultag verkündete ihr dann ihr großer Bruder vorsorglich, dass es das sagenhafte Schlappohr gar nicht gibt – vermutlich, damit seine kleine Schwester sich nicht vor den Klassenkameraden blamieren konnte. Doch für meine Mutter brach damals eine kindliche Welt zusammen.

Mir persönlich ist es egal, wie wer mit Osterhasen umgeht. Das Ärgerliche ist nur, dass man von mir offenbar inzwischen erwartet, gemeinsam mit den Erziehungsberechtigten an einem pädagogischen Strang zu ziehen. Ich muss mich also vor dem Besuch bei einer Familie erkundigen, ob der Nachwuchs an den Osterhasen glaubt oder nicht. Aber ganz ehrlich, liebe Mamis: Es ist mir schnuppe. Ihr ladet mich ein, ich bringe etwas mit, und wenn das der Schmunzelhase ist, den ihr eurem Kind bislang aus pädagogischen Gründen vorenthalten habt, dann möge es so sein. Euer Kind, eure Baustelle. Ich habe schon genug Probleme damit, dieses Problem nicht zu haben. Und wenn ich noch einmal streitende Mütter im Supermarkt erleben muss, weil die eine sträflicherweise dem Kind der anderen gesagt hat, der Osterhase würde Schokoladeneier legen, dann raste ich vielleicht so aus, dass ich Ostern am Ende mal in der Unfallchirurgie verbringe. Wisst ihr Mamis es eigentlich zu schätzen, dass ihr euch darüber überhaupt Gedanken machen und mit euren Kindern Ostereier suchen dürft?

Meinem eigenen Kind würde ich vielleicht Osterhasen-

Bücher vorlesen, aber ich denke, es ist nicht notwendig, da so eine riesige Wissenschaft daraus zu machen und für jeden Festanlass eine imaginäre Geschenkefigur zu etablieren. Deshalb springe ich auch nicht auf den Zahnfee-Zug auf, auch wenn mir das schon mal böse Blicke von Mamis eingebracht hat, weil ich nicht – wie es bestellt wurde – gefragt habe, was denn die Zahnfee gebracht habe. Oder die Schnullerfee. (Warum eigentlich immer Feen? Was ist denn gegen Schnecken oder Feuerwehrmänner einzuwenden?)

Getoppt wird Ostern nur noch vom allerheiligsten Familienfest, das unser Kalender vorzuweisen hat: Weihnachten dräut das ganze Jahr über wie ein Damoklesschwert über dem Haupt aller Frauen mit unerfülltem Kinderwunsch. Unsereins mag sich vielen Familienfeiern mit fadenscheinigen Entschuldigungen entziehen können, um unbequeme Fragen zu vermeiden. Zu Weihnachten geht das nicht, denn je größer der Familienkreis, desto höher die Wahrscheinlichkeit, dass «das Thema» unterm Christbaum aufs Tapet gebracht wird – vorzugsweise von älteren Tanten und Großeltern, die gern ungefiltert von sich geben, was ihnen gerade durch den Kopf schießt, und zwar ohne Rücksicht auf Kollateralschäden bei zufällig anwesenden, ungewollt kinderlosen Familienmitgliedern.

Bei meinen beiden Lieblingscousins ist genau das passiert. Der eine hat eine Frau und drei Kinder, der andere eine Frau und keine Kinder. Die verwitwete Großmutter sollte, so die Verabredung, im jährlichen Wechsel Heiligabend mal bei dem einen, mal bei dem anderen ihrer beiden Söhne verbringen, die recht weit voneinander entfernt leben. Doch bereits im ersten Jahr ging das schief. Die Großmutter wollte partout nicht mit dem kinderlosen Paar feiern, sondern selbstverständlich mit den Enkeln: «Weihnachten ist doch nur mit Kindern richtig schön!», sagte sie zu ihrem kinderlosen Sohn. Und: «Ihr könnt ja dazukommen.»

Übrigens komme ich als Kinderlose grundsätzlich «dazu». Bei den Wer-feiert-wo-wann-mit-wem-Debatten wird immer zuerst abgefragt, was der mit Kindern gesegnete Teil der Familie plant. Der Rest der Familie (also unter anderem ich) «darf» sich dann anschließen. Als hätte ich nicht das Recht, selbst eine Einladung zu Weihnachten auszusprechen, und zwar deshalb, weil ich keine Kinder habe.

Aber was spricht eigentlich dagegen, uns Kinderlose das Weihnachtsfest ausrichten zu lassen? Das wäre doch eine Entlastung für die Mamis, die immer einen Haufen Arbeit mit den Vorbereitungen für ein Riesenfamilienfest haben. Offenbar traut man *uns* genau das nicht zu. Wie sollte ich mich auch darauf verstehen, ein Weihnachtsfest für Kinder zu gestalten, da ich doch keine habe? Schließlich war ich selbst mal Kind und kann mich noch ganz gut daran erinnern, wie ich Weihnachten erlebt habe. Und so habe ich im Geiste bereits lauter weihnachtliche Familienrituale durchgespielt und überlegt, ob man eine Regelung bezüglich der Geschenkeanzahl treffen sollte, damit es nicht ausufert. Ich verfüge auch über zuckerarme Keksrezepte und unkaputtbaren Baumschmuck – und aus Sicherheitsgründen über elektrische Kerzen für den Baum!

Mein Bruder und ich waren die einzigen Kinder im engeren Familienkreis, und unsere Großmutter hat Heiligabend oft bei uns verbracht, ebenso wie Onkel und Tante. Es kam aber auch vor, dass wir Heiligabend «allein» gefeiert und die ganze Sippschaft erst an den folgenden Feiertagen gesehen haben. Damals, als Kind, habe ich mir keine Gedanken darum gemacht, ob Oma dann wohl allein zu Hause saß oder wenigstens bei meinem Onkel oder meiner Tante.

Meine Eltern sind seit gut zwanzig Jahren geschieden, seitdem stellt uns Weihnachten vor logistische Herausforderungen. Ein Glück, dass die Rechnung glatt aufging: Zwei Kinder kamen auf zwei Elternteile. Sowohl Mutter als auch Vater war also an Heiligabend versorgt, am ersten Feiertag wurden wir einfach getauscht. Wir Geschwister sahen uns dann erst an Silvester, weil wir ja auch noch mit der Familie unseres jeweiligen Partners Weihnachten feiern mussten. Seit meine Nichte Julia auf der Welt ist, sieht das anders aus. Natürlich möchte jeder Großelternteil das Enkelkind zu Heiligabend bei sich haben, was rein physisch nicht möglich ist. Derjenige, der den Kürzeren zieht, ist natürlich enttäuscht, und ich, die kinderlose Tante (die Heiligabend übrigens auch sehr gern mit ihrer Nichte verbringen würde), fühle mich moralisch dazu verpflichtet, mit dem verwaisten Großelternteil zu feiern. Ein Glück nur, dass die Frau meines Bruders Japanerin ist und ihre Eltern mit Weihnachten nichts am Hut haben.

Die Weihnachtsfeierei erzeugt übrigens auch Druck bei jenen, die gar keine Kinder haben wollen. Meine Freundin Sabine ist Einzelkind, sie hat keine Kinder, ihre Eltern sind noch verheiratet. Sie hat sich schon vor Jahren dagegen entschieden, sich fortzupflanzen, wagt aber nicht, es ihren Eltern zu sagen – denn die bedauern jedes Jahr zu Weihnachten das Ausbleiben von Enkeln: «Ach, wäre das schön, wenn jetzt ein paar Rangen um den Baum springen würden!» Das hat inzwischen dazu geführt, dass Sabine zu Weihnachten immer irgendwohin verreist. Sie spürt die versteckte Anklage und glaubt, dass sie sich noch schuldiger fühlen wird, wenn sie ihren Eltern die Wahrheit sagen würde, nämlich, dass sie keine Kinder will. Außerdem hat sie den Eindruck, als kinderlose Tochter ihren Ansprüchen nicht mehr zu genügen. Dabei möchte sie keine Glaubensfrage daraus machen, sondern einfach nur ein paar besinnliche, gemütliche Stunden mit den Eltern vor dem Kamin verbringen, gemeinsam mit ihnen kochen und zur Kirche gehen. Und recht hat sie: Kinder passen nun mal nicht in ihren Lebensentwurf, das ist ihre Privatsache und ihre eigene, legitime Entscheidung. Aber selbst wenn man sich nicht vermehren will, hat man doch trotzdem ein Recht auf Weihnachten, auf Geburtstage und Adventskalender. Es kann und darf ja wohl nicht sein, dass Kinderlose bei diesen Feiern immer hinten anstehen müssen.

Reden müssen wir außerdem noch über die unangenehmen Nachfragen seitens naher oder entfernter Familienmitglieder. Diese nutzen in meinem Fall festliche Anlässe gern dazu, mich bezüglich meiner Lebenssituation und weiteren -planung einem hochnotpeinlichen Verhör zu unterziehen. Jede kinderlose Frau über dreißig kennt das – die kritischen Blicke ältlicher Anverwandter auf den Bauch und das vermeintlich «gebärunfreudige» Becken, weshalb es ja kein Wunder sei, dass man keine Kinder kriege. Manchmal frage ich mich, ob diese Sticheleien wirklich so treffen sollen, wie sie es tun. Ob es Absicht oder gar Rache für Leerstellen im eigenen Leben ist, die diese Leute zu derlei verbalen Übergriffen treibt. Bei mir ist es ein entfernt verwandtes, *kinderloses* Ehepaar, dessen Fragen im Laufe der Zeit immer zielgerichteter und bissiger wurden. Als ich 25 war, erkundigte man sich noch nach meiner Universitätslaufbahn und nach meiner Wohnsituation. Dann war ich 28 und verheiratet und musste mir anhören: «Du hast zugenommen, bist du jetzt endlich schwanger?» Auf so eine Frage unter Erhalt der Selbstachtung zu antworten, ist schier unmöglich, sofern man nicht einfach «Ja» sagen kann.

Die nächste Frage betraf dann die aktuelle Steuerklasse mit dem Hinweis auf den Kinderfreibetrag. Mit 33 war ich geschieden, da lautete die Frage: «Und du bist ledig?» Mein Bruder, dessen Frau gerade schwanger war, wurde hingegen nach seinem Befinden gefragt. Kein Wunder also, dass ich beim nächsten Zusammentreffen darauf achtete, mich tunlichst von diesen Zeitgenossen fernzuhalten und lieber meinem Job als kinderlose Tante nachzugehen: entweder in der Küche Kaffee zu kochen oder meine Nichte zu bespaßen. Leider erwischten sie mich dann doch noch, als ich gerade gehen wollte: «Und du bist alleinstehend?» Allein dieses Wort! «Alleinstehend» sind für mich Männer ab siebzig, die genauso grau wie ihre Wohnungen sind. Ich war so überrumpelt, dass mir keine passende Antwort einfiel, was nicht weiter tragisch war, denn man assoziierte sogleich frei weiter: «Na, dann hast du mit der Familienplanung ja wohl abgeschlossen. Warum läuft es bei dir eigentlich nicht so glatt wie bei deinem Bruder?»

Na, dann frohe Weihnachten aber auch! Irgendetwas stimmte also nicht mit mir … Ich hätte nun anmerken können, dass mein Bruder auch erst mit knapp vierzig Vater geworden war oder dass sich solche Fragen einfach nicht gehören. Oder dass man seine eigenen Defizite und Versäumnisse besser nicht auf andere projizieren sollte. Doch leider habe ich nur gestottert, mich zügig verabschiedet und ins Auto gesetzt und bin erstmal losgefahren, um dann irgendwann anzuhalten und nur noch zu weinen. Vor Zorn und Traurigkeit über diese ungerechte Behandlung, über meine Kinderlosigkeit und über diese demütigende Erwartungshaltung Dritter, man habe ganz selbstverständlich Rede und Antwort zu stehen, wenn man die Punkte Hauskauf, Hochzeit, Kind noch nicht abgehakt hat.

Vielleicht werde ich nie etwas davon abhaken. Und verdammt, ja, das macht mich traurig und wütend, weil ich mir all das doch so sehr wünsche! Aber niemand hat das Recht, mir das unter die Nase zu reiben, in Wunden herumzustochern oder gleich neue mit aufzureißen. Ich war gekommen, um Weihnachten zu feiern und mich in den Geschenkebattle für das einzige Kind unterm Christbaum zu stürzen. Mich mit meinem Onkel über Politik auszutauschen, meiner Mutter zu versichern, dass der Kuchen ganz fantastisch gelungen sei, und meinem Bruder zu versprechen, ein Auge auf die Kerzen zu haben, damit seiner Tochter nichts passieren konnte. Eine deutsch-englisch radebrechende Unterhaltung mit meiner Schwägerin zu führen und mit meiner Tante über Hundeerziehung zu fachsimpeln. Zu den übrigen Gästen hatte ich einfach nur nett und freundlich sein wollen. All das hätte mir gelingen und mir als ein schönes, harmonisches Fest in Erinnerung bleiben können.

Doch auf der gesamten Fahrt zurück nach Hause schrie ich innerlich nur: Was stimmt denn nicht mit dir? Zu Hause, wo ich nun ein zweites Mal Weihnachten feiern sollte, zusammen mit meinem Freund (von wegen «alleinstehend»), seinem Vater und dessen Kurschatten, wollte ich so nicht ankommen, nicht mit dieser Trauer im Herzen. Ich ging ein paar Schritte zu Fuß durch die Nachbarschaft, was keine gute Idee war, da man überall durch hell erleuchtete Fenster fremden Weihnachtsbescherungen beiwohnen konnte. Bei denen stimmt alles, dachte ich.

Als ich dann daheim war, stimmte aber ebenfalls alles: die Weihnachtsgans, die Diskussion darum, welches Weihnachtslied geschmettert werden sollte und ob ein Absingen vom Tablet statthaft war, die Tränen der Rührung beim Kurschatten über so ein schönes Weihnachtsfest, das Glück, hier ganz selbstverständlich und ungestraft ohne Kinder feiern zu dürfen. Mit Bescherung, mit Musik, mit alten Geschichten und Glück. Weihnachten ist eben auch da schön, wo keine Kinder sind. Einzig den Christbaum verstand ich nicht, der hatte elektrische Kerzen, dabei sind echte doch viel schöner, und wenn kein kleines Kind in Gefahr ist, spricht doch nichts gegen echte Kerzen?! Es ist dann zwar auch kein Kind da, welches Tannennadeln in die Kerze hält, um herumzukokeln und den Funkenflug auszulösen, und keine Mutter, die das genervt zu unterbinden versucht. Aber ich tue das mit den Tannennadeln sehr gerne selbst, es riecht nämlich so weihnachtlich!

Meine Mutter meinte im darauffolgenden Jahr: «Natürlich kannst du dazukommen, wenn die unverschämte Verwandtschaft da ist, aber eigentlich möchte ich nicht, dass du dir so ein Verhör wie letztes Jahr noch mal antun musst. Überleg es dir.» Natürlich hätte ich darauf erwidern können, dass ich mich beim nächsten Mal nicht wieder ins Bockshorn jagen lassen und hocherhobenen Hauptes zu meinem Leben stehen würde. Das tat ich aber nicht, denn es hätte mich eine Menge Kraft gekostet, und das waren mir diese Menschen, die ich damit ja nicht geändert hätte, nicht wert.

Ich bin der Meinung, dass ich es mir unnötig schwer mache, wenn ich mich Situationen aussetze, in denen ich mit der Nase auf meine wunden Punkte gestoßen werde. Es ist durchaus in Ordnung, auch mal einen Kampf nicht auszufechten, sondern sich selbst zu schützen. Sicher, ich könnte verbal zurückschlagen, doch das würde es nicht besser machen und nur einen schalen Geschmack bei mir hinterlassen, weil ich so eigentlich nicht ticke. Und eines Tages bin ich dann vielleicht ebenso verbittert wie diese Leute oder merke es vielleicht nicht einmal, dass ich eine missgünstige, boshafte Person geworden bin.

Doch unterm Strich ist es nicht zielführend, mich bei der Gestaltung meines Weihnachtsfestes an anderen Menschen zu orientieren. Ich muss genau wie Sabine lernen, mein eigenes Weihnachten zu entwickeln, mich mit meinem Kinderwunsch als gleichberechtigt mitfeiernde Person zu betrachten, nicht als minderwertige Statistin, die jedem Rede und Antwort stehen muss. Darum habe ich erst einmal Stressquellen reduziert oder ganz aussortiert. Habe beschlossen, mich Examinationsfragen nicht mehr auszusetzen – man muss nicht nur auf schwangere Frauen Rücksicht nehmen, sondern auf (unfreiwillig) nicht schwangere auch. Ich reflektiere jetzt sorgfältiger, welche Gedanken und Gefühle zu Weihnachten ruhig sein dürfen und welche nicht. Zwanghaft fröhlich zu sein ist ebenso wenig angezeigt wie dauertraurig. Niemand soll sich an eine gramgebeugte Tochter, Schwester, Schwägerin oder Tante erinnern müssen.

Ja, ich muss mein eigenes Weihnachten gestalten, und es wäre nur selbstzerstörerisch, wenn ich es zwanghaft auf Kinder ausrichtete. Ich versuche, Weihnachten als kostbare freie Lesezeit zu genießen, in der ich mich auf Bücher konzentrieren kann, ohne mich selbst zu zerfleischen, weil wieder ein Jahr hinter mir liegt, in dem ich nicht schwanger geworden bin. Das ist machbar, wenn auch nicht einfach, weil ich als kinderlose Tochter ja für meine Eltern noch sehr viel mehr in der Kindrolle festhänge als mein Bruder, der nun selbst eine Familie hat. Ich habe immer das Gefühl, zumindest nach außen hin «unfertig entwickelt» zu sein, da ich mich nicht durch eine Mutterschaft vom Kindsein löse.

Aber diese Form des Traurigseins gehört zur Kindersehnsucht dazu, glaube ich. Sie ist ein Teil davon, den ich akzeptiere. Es macht mich nicht glücklich, aber jedes Jahr deshalb Sorgenschatten unter den Augen zu bekommen, wird mich auch nicht schwängern. Zu meinem Weihnachten gehört also dazu, bis auf Widerruf etwas mehr «Kind» bei meinen Eltern zu sein als mein Bruder. Ich habe also weiterhin das Recht auf einen Adventskalender! Wenn ich immer dagegen ankämpfe, verliere ich am Ende nur mich selbst. Wie ich Weihnachten feiere, entscheide ich von Jahr zu Jahr, und es ist derzeit eben auch Teil meines Weihnachtsfestes, dass ich wieder nicht mit den Christbaumkerzen um die Wette strahlend verkünden kann, endlich schwanger zu sein.

Es bleibt mir überlassen, wie weit ich das nach außen trage. Weniger sparsam bin ich da schon in meiner Begeisterung für Adventskalender. Man kann nicht genug Adventskalender haben, das ist mein Credo. Als Kind malte ich mir immer aus, wie es wohl wäre, in jedem Raum des Hauses einen Adventskalender zu haben, damit man einmal durch alle Zimmer und Flure gehen muss und sich ständig freut. Ich liebe es, bereits im September Kleinigkeiten für selbstgebastelte Adventskalender zusammenzusuchen. Es ist nicht schlimm, dass ich keinen Adventskalender für meine eigenen Kinder basteln kann – ich habe ja Freundinnen, die dafür herhalten müssen, und meinen Freund. Mir macht das Spaß, ich will das genau so und nicht anders haben. Ebenso kann ich mir aussuchen, welche Familien- und anderen Feste ich feiere und welche nicht. Manchmal wünsche ich mir, ich hätte diese Freiheiten nicht. Aber ich habe sie, und also lebe ich sie auch aus. Dann müssen die Mamis und Papis dieser Hemisphäre eben selbst damit klarkommen, wenn ich mal wieder die Existenz des Weihnachtsmanns leugne. Und die missmutige Verwandtschaft muss sich damit abfinden, dass ich ihr keine Gelegenheit mehr gebe, mich zum Opfer zu degradieren, welches ihr Rede und Antwort stehen muss.

# KOMM, LIEBER MAI, UND MACHE …

Der Monat, den ich mit Abstand am schwersten ertragen kann, ist der Mai. Wann immer ich im Mai gezwungen bin, das Haus zu verlassen, begegne ich schwangeren Frauen. Als hätte jemand die Parole ausgegeben: Werdet schwanger im Oktober, wenn die Nächte schon wieder recht lang sind und ihr nicht wisst, was ihr mit all der Zeit anstellen sollt – und unterm Weihnachtsbaum könnt ihr dann schon erzählen, dass ihr ein Kind erwartet.

Es gibt übrigens hier oben im Norden eine Eisdielenkette, die im Mai Schwangerenrabatt anbietet, dafür muss man nur seinen Mutterpass oder Bauch vorzeigen. Ich habe weder das eine noch das andere, also auch kein Argument, um Unmengen von Eis zu essen. Im Juli bieten diese Eisdielen Hochzeitsrabatte an, und wer clever ist, sieht zu, dass er bzw. sie im Jahr darauf den Schwangerenrabatt absahnt. Aber Kinderwunschrabatt oder Trostrabatt für Singles? Fehlanzeige. Ich fühle mich diskriminiert.

Flieht man vor den glücklichen Muttis in spe zum Sightseeing in eine fremde Stadt, so sollte man sich vorher gut überlegen, in welchem Stadtteil man dort absteigt. Es gibt Viertel, in denen die Schwangerendichte sehr viel höher ist als anderswo. Gehe ich in Hamburg durch das Schanzenviertel, so sehe ich zwar auch schwangere Frauen, aber die tragen immerhin T-Shirts mit aufgedruckten Sprüchen wie

«Don't eat watermelon seeds» – das ist dann so lustig, dass ich einfach lachen muss. Anders ist es in Eppendorf oder Winterhude, Hamburger Stadtteile mit viel Geld, viel Zeit und vielen Kitas. In Berlin heißen diese Stadtteile Prenzlauer Berg oder Mitte, in Köln Lindenthal, in München heißt es München.

In Eppendorf gibt es ein Café meiner Lieblingskaffeehauskette (ja, Ketten soll man weder rauchen noch unterstützen, aber es gibt dort Kakao mit Marshmallows!), und sobald ich da zur Tür reinkomme, falle ich in einen Kinderwagenparkplatz. Ernsthaft. Da passen mindestens vier Kinderwagen hin, können festgeschlossen werden, und die Mamis setzen sich in die Nähe der Spielecke und tauschen Babyplüschmützen-Bezugsadressen. Es ist auch sinnvoll, in Eppendorf usw. den Kinderwagen diebstahlsicher anzuschließen. In diesen Stadtteilen sind das ja nicht einfach nur ergonomisch sinnvolle Babytransportvehikel. Hier sind die Kinderwagen quasi die ersten Autos des Nachwuchses. Repräsentativ und dementsprechend teuer. Natürlich gibt es mindestens einen Handyhalter am Griff und eine Transportvorrichtung für den Matcha-to-go-Becher, außerdem hat das Teil Alufelgen und vermutlich automatische Sonnenblenden. Ich bin ja noch aus einem ganz simplen dunkelblauen Kinderwagen mit weißen Reifen und Drahtkorb rausgefallen. Heute kann man mindestens den Hersteller verklagen, wenn das Kind selbständig über den ergotherapeutisch empfohlenen Wagenrand guckt. In meinen Babytagträumen habe ich natürlich auch so ein Teil in freundlichem Grau, weil es zum SUV passt, und mein Handyhalter hat einen Ersatz-Akku, der sich durch die Reibung der Räder speist, damit ich in meinem hippen Stadtteil die nachhaltigste Mutti bin.

Im Hamburger Stadtteil Harvestehude wurde vor ein paar Jahren eine Fahrradstraße mit eigenen Fahrspuren und Ampeln eingerichtet. Würde mich nicht wundern, wenn in Eppendorf stattdessen bald eine eigene Kinderwagenfahrspur das Licht der Welt erblickte, Überholverbot für Singlebabykarren inklusive. Denn: Je reicher der Stadtteil, desto mehr Zwillingsgeburten, da ergeben eigene Fahrspuren durchaus Sinn. Schuld ist die dank schädlicher Umwelteinflüsse nachlassende Fortpflanzungsfähigkeit bei Mann *und* Frau sowie die moderne Reproduktionsmedizin. Bei einer Fruchtbarkeitsbehandlung werden sicherheitshalber mindestens zwei befruchtete Eizellen eingesetzt, daher werden heute häufiger als früher Zwillinge oder Drillinge geboren. Überflüssig zu erwähnen, dass man sich sowohl ärztliche Behandlung als auch doppelte oder dreifache Babyausstattung erst mal leisten können muss. Unter bestimmten Voraussetzungen übernehmen die Krankenkassen zwar einen Teil der Kosten, doch die hormonunterstützenden Medikamente, die Fahrten zum Arzt und die flöten gegangene Arbeitszeit zahlen sie natürlich nicht.

Die Frauen, die später durchgeplante gestylte hippe SUV-Muttis werden, die haben in der Regel Geld für medizinische Schwangerschaftsanbahnung, denn eines haben sie nicht: Zeit. Also, sie hätten Zeit, aber ihr Lebensstil erlaubt ihnen nicht, viel Zeit mit Warten und Hoffen und Kitaplatzsuche zu verbringen, glaube ich. Lieber zwei gleichzeitig und eines schnell hinterher, dann können alle drei gleichzeitig den trilingualen Kindergarten besuchen. Künstliche Befruchtung ist also – ebenso wie ein nicht medizinisch indizierter Kaiserschnitt – in den Trendhoods an der Tagesordnung. Ich kann verstehen, dass viele Frauen, die auf natürlichem Weg nicht schwanger werden können, diesen Weg gehen. Ich persönlich will das nicht. Ich werde ja auch ohne medizinischen Kopfstand schwanger, ich bleibe es eben nur nicht. Und ich habe bei meinem Bruder miterlebt, wie belastend eine Kinderwunschbehandlung sein kann und dass sich der Druck und der Schmerz mit jedem gescheiterten Inseminationsversuch vervielfachen. Da «riskiert» man nach zehn Jahren Hoffen, Bangen, Weinen, Warten sogar Drillinge. Meine Nichte Julia wurde dann doch als Einling geboren. Süß ist sie allerdings für drei.

Um keinen falschen Eindruck entstehen zu lassen: In meinen Augen sind Zwillinge eine faszinierende Laune der Natur, vor allem natürlich die eineiigen (künstlich befruchtete Zwillinge sind immer zweieiig). Meine liebe Freundin Katarina kann davon ein Lied singen, fortpflanzungstechnisch ist sie so ungefähr das Gegenteil von mir. Dabei haben wir durchaus Gemeinsamkeiten: Wir haben beide eine Buchhändlerlehre gemacht und eine Berufsschulklasse übersprungen. Katarina war gerade im Erwachsenenleben angekommen, da kam trotz Pille ein kleines Mädchen auf die Welt, im Mai natürlich. Sie und der Vater der Kleinen waren noch nicht lange zusammen und dennoch glücklich über den zügig sich einstellenden Nachwuchs. Mama nahm die Stillpille, und zack – wurde schwanger mit Zwillingen. Sie kamen im Mai zur Welt, einen Tag vor dem ersten Geburtstag der großen Schwester.

Katarina die Fruchtbare sattelte in der Folge von Buchhändlerin auf Bloggerin um (ihr Blog ist bis heute der einzige, den ich regelmäßig lese). Seltsamerweise neide ich ihr den Kindersegen nicht, ich freue mich einfach nur ehrlich für sie und mit ihr. Vielleicht, weil mir hier nichts aufstößt, weil ich angesichts von Katarinas Familienglück niemals denke: «Wenn *ich* Mutter wäre, würde ich das ja ganz anders machen.» Sie ist in meinen Augen die beste Mama, die man sich vorstellen kann. Ich freue mich immer, wenn ich von Katarinas bunter Kinderwelt lese und kurze Blicke in ein Leben werfen kann, das so ganz anders ist als meines. Als sie ihr viertes Kind verlor – das das erste geplante werden sollte –, habe ich mit ihr geweint. Und mich mit ihr gefreut, als die nächste Schwangerschaft hielt und Kind Nummer vier/fünf dann wieder das Licht der Welt erblicken durfte. Nur schade, dass sie nicht in Hamburg wohnt, ich glaube, sie könnte so eine Vorfahrts-Kinderwagenfahrspur gut gebrauchen. Verdient hätte sie sie jedenfalls. Hörst du, in meinen Augen sollte man ganze Straßen für dich sperren, Superkat.

Vielleicht bin ich auch deshalb nicht neidisch, weil ich das bei Menschen, die ich sehr mag, einfach nicht kann. Ich gebe zu, es fällt mir leicht, über all die Eppendorfer Hochglanzmütter herzuziehen, weil ich die meisten gar nicht kenne. Die, die ich kenne, sind allerdings leider nett. Aber ich brauche ein «Feindbild», sonst halte ich die Kindersehnsucht nicht gut aus. Ich brauche es, mir zu sagen, dass ich dies und jenes als Mutter viel besser machen würde. Wenn ich vom Chinesisch-Unterricht in der Kita höre, dann denke ich, dass *ich* meinen Nachwuchs einfach nur Kind sein lassen würde, ohne dass schon vor der Schule der Ernst des Lebens für ihn beginnt. Wann immer ich ein Trotzkind in der U-Bahn sehe und eine hysterische Mutter, bin ich der Ansicht, *ich* würde auf jeden Fall gelassener reagieren.

Ich finde, ich *darf* glauben, dass ich alles besser machen würde. Das tun alle Nichtmütter, egal, ob sie sich Kinder wünschen oder nicht. Es ist wie beim Einparken: Von außen sieht es so leicht aus, und der Zuschauer beobachtet fassungslos die verzweifelten Rangierbemühungen des Fahrers. Wenn der Zuschauer dann aber selbst im Auto sitzt, einen Hörsturz vom Gepiepe der Einparkhilfe erleidet und ihm der Bizeps vom Kurbeln platzt, dann muss er wohl oder übel zugeben, dass es vielleicht doch nicht so einfach ist.

Wie das Kinderkriegen – das ist auch nicht so einfach. Für mich jedenfalls. Und trotzdem werde ich weiterhin im Mai nach Winterhude fahren, mir ein Eis kaufen und an die Alster gehen. Aus purem Trotz. Denn schwanger oder nicht – das Eis, die Alster und der Mai sind schließlich für alle da.

# HIBBELFOREN

## KiWuÜ30, HBL und NMT

Wie in jeder Subkultur hat auch die Kinderwunsch-Gesellschaft ihre eigenen Abkürzungen.

Abkürzungen sind toll. Ich war bei der Bundeswehr, ich muss das wissen. Ich finde Abkürzungen sogar so toll, dass ich in der Regel auch weiß, was sie ausgeschrieben bedeuten. FFOBZB, z. B., das heißt Feldfernsprecher Ortsbatteriebetrieb Zentralbatteriebetrieb und benennt ein abhörsicheres, kabelbetriebenes Relikt der Kommunikationsgeschichte, umgangssprachlich «Ackerschnacker» genannt. Abkürzungen haben also oft eine richtige und eine umgangssprachliche ausgeschriebene Form. Das Internet ist wie in so ziemlich jedem anderen Bereich natürlich auch in Sachen Kinderwunsch eine wichtige Informationsquelle und ein Ort des Austauschs. Es gibt unzählige Websites, Portale, Foren und Chaträume, die sich ausschließlich diesem Thema widmen. Doch je mehr Menschen sich solchen virtuellen Räumen anvertrauen, desto mehr Regeln brauchen diese, um verständlich, überschaubar und informativ zu bleiben. Und desto mehr Fachkauderwelsch entwickelt sich quasi nebenbei.

Als ich mich über erste Anzeichen einer Schwangerschaft informieren wollte, landete ich auf der Seite eines Mami-Forums, das wertvolle Tipps rund um Schwangerschaft, Stillen, Schreibaby, Zweitkind und tausend andere einschlägige Themen gab. Nach nur zehn Minuten auf dieser Internetseite war ich komplett verunsichert, weil ich nicht wusste, ob ich lachen oder weinen sollte. So stand unter «Schwangerschaftsanzeichen» etwa zu lesen:

- Unsicher: weibliche Intuition, schmerzende Brüste, Geruchsempfindlichkeit
- sicher: Ausbleiben der Regel, Übelkeit, positiver Urintest
- ganz sicher: Baby tritt von innen gegen Bauchdecke.

In den Chaträumen konnte man sich austauschen über Begriffe, bei denen ich zuerst die Abkürzung und dann die Auflösung der Abkürzung googeln musste. Inzwischen weiß ich, dass die Bezeichnung der Nidationsblutung möglicherweise auch nur ein Kindersehnsuchtsquatsch-gemachter Unsinn ist. Mir wurde sehr schnell klar, dass ich gezielter vorzugehen hatte, wenn ich eine konkrete Information recherchieren wollte, denn es war ganz leicht, sich in Sachbeiträgen und Erlebnisberichten zu verlieren und endlose Stunden damit zu verbringen, Vornamenfinder auszuprobieren oder vollkommen fremden Frauen einen Like für ihren «Ich bin schwanger!»-Beitrag zu spendieren. Als ob mir das helfen könnte, selbst Mutter zu werden. Liken Sie hundert schwangere Frauen, dann kriegen Sie selbst ein Kind…

Wir reden von einer Zeit, in der PDF-Dokumente quasi noch mit Schrauben zusammengehalten wurden, Jahre vor den Smartphones, die einem das Internet allgegenwärtig machten. Wollte ich lesen, was in den Foren stand, wollte ich mich austauschen und sehen, dass ich mit meiner Sehnsucht nicht alleine war, dann musste ich mich an den heimischen Computer setzen und dort Zeit verbringen. Zeit, die mir dann fehlte, um all die wertvollen Gesundheits- und Bewegungstipps zu absolvieren, die mir im Chat empfohlen wurden. Ein Teufelskreis. Ich begann, geiziger mit meiner Zeit zu werden und auszusortieren, und suchte mir ein Lieblingsforum: KiWu (von «Kinderwunsch»). Die Beiträge der Forumsteilnehmerinnen waren nachvollziehbar und verständlich, was bei diesem Thema ja nicht immer der Fall ist. Bevor ich allerdings selbst etwas schreiben oder die Antworten lesen konnte, musste ich ein Profil erstellen und Angaben machen zu Name, Alter, Wohnort, Hobbys, Anzahl der Kinder, Anzahl der Fehlgeburten, Anzahl der Monate, die ich bereits schwanger zu werden versuchte, bevorzugtem Schwangerschafts- und Ovulationstest. Kaum hatte ich diese Hürde genommen und ein Profil gebastelt, kamen lauter Willkommensgrüße, hüpfende, winkende Smileys, Rosenemoticons, persönliche Nachrichten, auf die ich antworten musste – glaubte ich jedenfalls. Denn ich wollte ja dazugehören, höflich, beliebt sein. Die perfekte Mami eben.

Also beantwortete ich alles, nahm Anteil, überlegte mit anderen gemeinsam, ob die Abneigung gegen Kaffee nun ein sicheres oder ein unsicheres Anzeichen für eine Schwangerschaft sei. Ich lernte, wie man kleine Zeitleisten in Form von Störchen unter seine Forenbeiträge setzte. Jeden Tag machte der Storch einen Schritt vorwärts, bis er am Stichtag angekommen war – vorausgesetzt, es hätte mit der Schwangerschaft geklappt. Denn das Allererste, was man offenbar tun musste, sobald man einen positiven Schwangerschaftstest vorzuweisen hatte, war, den Stichtag zu berechnen, eine Schwangerschaftstimeline zu erstellen, sich dann drei Tage lang von Wildfremden beglückwünschen zu lassen und abschließend das KiWu-Forum in Richtung Erstes

Trimester-Forum, kurz ETri, zu verlassen. Nicht ohne allen zurückbleibenden Frauen virtuell zuzurufen: «Hoffentlich lesen wir uns alle bald im ETri wieder!» Danach durfte man dann vielleicht auch dem Vater des Kindes die frohe Botschaft überbringen.

Ich hielt drei bis vier Wochen durch, dann gab ich auf und meldete mich ab. Overkill. Ich bin ein still trauernder Mensch – wichtige Dinge mache ich zunächst immer mit mir selbst aus, bevor ich sie mit jemand anderem teile. Ich hatte gerade wieder meine Tage bekommen und fühlte mich als Versagerin, das wollte ich nicht öffentlich breittreten. Außerdem ging mir der «Forensprech» auf den Zeiger. Beispiel gefällig? Bitte sehr:

*hibbelmami23*: Hallo, ihr Lieben, ich wollte mal fragen, ab wann man einen FrühSST machen kann. Muss man da immer zum Gyn. oder sind die aus der Drogerie zuverlässig? Ich halte diese Warterei nicht aus! (kicher)

*hundkatzekind*: Hihi, das kann ich gut verstehen, aber am besten wartest du, bis NMT vorbei ist, und gehst dann gleich zum Gyn. Dann macht der auch 'nen Bluttest, dann weißt du es genau.

*hibbelmami23*: WAAAAAAAS – aber so lange kann ich unmöglich warten!!!<<

*pupsiTwins*: Normal sind zehn Tage nach ET. Aber bei mir war der trotzdem negativ, und ich habe vier Tage vor der Mens getestet. Erst zehn Tage nach NMT war ich positiv. Kauf dir einen 10er-SST, sensiblere gibt es nicht. Und hattest du eine NDBL? Wenn ja, dann hast du vielleicht Glück, und der Test zeigt schon was an.

*hundkatzekind*: Na ja, nicht vergessen, dass sich die Zykluslänge auch mal ändern kann. Merkst du denn schon was? In welchem ÜZ bist du denn? #daumendrück

Eine Woche später ging es dann weiter.

*hibbelmami23*: Bin jetzt NMT+3, aber der Test ist immer noch negativ, wie kann das sein?

*Vero2kids*: Muckelchen, dann bist du vermutlich in SSW3, da ist die Konzentration im Urin noch nicht so hoch, das kann sein. Geh zum Gyn., im Blut sieht man das genau. Bei NMT+3 ist das ja schon wahrscheinlich. #hibbelmit

Und hier die Übersetzung:

Eine 23-jährige Frau, die sich ein Kind wünscht und nicht verhütet, möchte am liebsten direkt nach dem erfolgten Geschlechtsverkehr wissen, ob ein Spermium die Eizelle gefunden hat. Sie möchte sich einen Schwangerschaftstest kaufen, ist sich aber unsicher, welchen sie nehmen soll, weil die meisten Tests erst ab dem Ausbleiben der Menstruationsblutung Zuverlässigkeit versprechen.

Eine Userin, die offenbar Haustiere und auch mindestens ein Kind hat, empfiehlt, der Natur ihren Lauf zu lassen, bis nach dem nächsten Menstruationstermin zu warten und dann einen Frauenarzt aufzusuchen, um im Blut das Schwangerschaftshormon hCG (humanes Choriongonadotropin) zu bestimmen.

Die 23-Jährige ist ungeduldig.

Eine Mutter oder werdende Mutter von Zwillingen, die möglicherweise an Flatulenzen leiden, berichtet, dass ein Test bereits zehn Tage nach dem Eisprung gemacht werden kann. Bei ihr hat das allerdings nicht funktioniert, sie musste warten, bis sie zehn Tage überfällig war, dann erst fiel ihr Test positiv aus. Sie erkundigt sich, ob die Vielleicht-Schwangere eine Nidationsblutung hatte, denn in diesem Fall könnte der Test durchaus schon vor dem errechneten Menstruationsbeginn ein positives Ergebnis zeigen.

Die Userin mit den Haustieren gibt zu bedenken, dass jede Frau unterschiedlich ist und man ab und an vielleicht einfach Geduld haben muss. Daher fragt sie, wie oft denn bereits versucht wurde, schwanger zu werden, und erkundigt sich nach der Anzahl der «Übungszyklen». Um die Vielleicht-doch-nicht-Schwangere durch diese ernüchternde Auskunft nicht zu entmutigen, drückt sie ihr die Daumen und wünscht ihr, dass es klappt.

Eine Woche später ist die Kinderwunschfrau drei Tage überfällig, hat etwa achtzig Euro für Schwangerschaftstests ausgegeben und kann immer noch nicht zwei Striche pinkeln.

Eine Mutter von zwei Kindern, die vermutlich Veronika heißt, tröstet die 23-Jährige damit, dass jetzt ja rein rechnerisch die dritte Schwangerschaftswoche angebrochen sein könnte und sie doch bitte einfach zum Arzt gehen soll, um sich Gewissheit zu verschaffen. Damit das nicht nach «Halt die Fresse und lass endlich den Fachmann ran» klingt, drückt sie per Hashtag ihr Mitfiebern aus.

Man sehe es mir bitte nach, aber ich bin noch mit ganzen Sätzen aufgewachsen und mit einem Sinn für die Schönheit der deutschen Sprache. Bei vielen solcher Forenbeiträge wird einem bewusst, dass da Frauen Kinder bekommen, die ihnen weder abends vorlesen werden noch später bei den Hausaufgaben helfen können. So etwas entsetzt mich immer ein wenig, und so rang ich mühsam meinen Korrekturfimmel nieder, auch weil ich Angst hatte, dass eine solchermaßen Gerügte erwidern könnte: «Mag ja sein, dass du richtig schreiben kannst, aber zum Kinderkriegen reicht es offenbar trotzdem nicht!»

Meinen nächsten Vorstoß in die Forenwelt wagte ich drei Jahre später, und sehr viel gezielter. Im KiWu-Forum wurde es spätestens ab dem dritten Übungszyklus deprimierend. Immer wieder tauchten blutjunge Frauen in diesem virtuellen Wartezimmer auf, nur um nach schlappen zwei Monaten in Richtung Frühschwangerschaftsforum abzuwandern. Das war dann jedes Mal ein kleiner Schlag ins Gesicht für jene Frauen, die der Not gehorchend von «Hibbelliste» zu «Hibbelliste» springen mussten. So heißt das wirklich im Fachjargon – dahinter verbirgt sich eine Liste für den laufenden Monat, in dem frau schwanger zu werden versucht; der Geburtstermin würde dann entsprechend neun Monate später liegen. Wer sich also im Januar in diesem Forum anmeldet, landet in der Hibbelliste Oktober; bekommt frau dann ihre Periode, springt sie in die Hibbelliste November. Und das geht dann immer so weiter, bis man plötzlich über dreißig ist und zum Unterforum KiWuÜ30 wechseln muss. Auf zu neuen Hibbellisten, aber immerhin in nahezu gleichaltriger und auf jeden Fall gleich verzweifelter Gesellschaft. Von KiWuÜ30 kann man dann später in KiWu35+ wechseln.

Übrigens liest man auch oft Signaturen unter dem Profilnamen. In KiWuÜ30 könnte z. B. stehen:

JohannaHH
ÜZ5

Das bedeutet, dass Johanna aus Hamburg kommt und seit fünf Monaten schwanger zu werden versucht. Wechselt Johanna dann irgendwann in KiWu35+, dann steht unter ihrem Namen:

18+2

Daraus ist ersichtlich, dass Johanna seit nunmehr 18 Monaten versucht, schwanger zu werden, und bereits zwei Fehlgeburten hatte. Für die Mathematiker unter den Lesern: Die zweite Zahl steigt nicht zwingend direkt proportional im Verhältnis zur ersten Zahl; sie steigt aber statistisch ebenfalls, wenn Zahl 1 steigt. Klar so weit?

Im Forum KiWu35+ habe ich mich eine Weile ganz wohl gefühlt. Es hat mir nach der zweiten Fehlgeburt gezeigt, dass ich nicht allein mit meinem Schicksal war. In diesem geschützten Raum durfte ich meine Trauer ausleben, dazugehören und mich verstanden fühlen. Aber nur kurz. Denn gleichzeitig hat es mir auch geholfen, mich von diesen Foren und dem Druck zu befreien, der sich dadurch aufbaut. Inzwischen gab es nämlich Smartphones und Apps. Und mit den Apps die Pushnachrichten bei neuen Postings. Ich hatte eine Zeitlang das Gefühl, nichts, aber auch gar nichts auf der Welt sei so wichtig wie die hoffnungsvolle Nachricht, dass wieder eine Frau zwei Tage überfällig war. Userinnen posteten Fotos von ihren Schwangerschaftstests und fragten die Allgemeinheit, ob man dort nun nur einen oder eventuell nicht doch einen – ganz leichten! – zweiten Strich sah. Mein Aggregatszustand wechselte ständig zwischen er- und entmutigt. Ermutigt, weil sich immer mal wieder eine Frau mit einem glückseligen «Es hat geklappt! SSW8+1» aus der Community verabschiedete. Und entmutigt, wenn ich las, wer nach sieben Tagen Überfälligkeit dann doch wieder menstruierte.

Gleichzeitig taten sich Nebenkriegsschauplätze auf, die auf mich eine morbide Faszination ausübten. Es war wie das Gucken von Talkshows aus den Neunzigern: Man fühlt sich automatisch besser, wenn man sieht, wie abseitig sich andere verhalten. In diesen Foren geisterten Frauen herum, die noch viel verzweifelter waren als ich. Da diskutierte man die segensreiche Wirkung von Frauenmanteltee auf die Fruchtbarkeit und tauschte Adressen und Großpackungen Ovulationstees aus. Andere teilten Links zu obskuren Sonnenchakraheilern oder empfahlen sich die absurdesten Stellungen für den Geschlechtsverkehr, die garantiert die Spermien ans Ziel katapultieren sollten (am besten «danach» noch mit einem Kissen unter dem Po liegen bleiben und die Fersen in die Matratze stemmen, damit die Muskulatur die Schwerkraft unterstützt). Und es fanden sich immer Frauen, die derlei «Geheimtipps» begierig aufsaugten.

Meine Parallelwelt aus Forenleserei, «todsicheren» Tipps, Pushnachrichten und stilisierten Störchen drohte mich blind dafür zu machen, dass ich ja auch ein reales Leben zu führen hatte, das tatsächlich komplett unabhängig vom Kinderwunsch lief. Glücklicherweise wurden mir die Augen geöffnet, bevor ich noch mehr wertvolle Lebenszeit im

Netz verschleudern konnte. So saß ich eines Tages im Bus, scrollte mich mal wieder durch diverse Berichte von Nidationsblutungen und stieß auf den Blogeintrag eines Frauenarztes, der sich aufregte über die Heerschar der Tests und Präparate, die den Kinderwunsch der Frauen ausnutzten. Er prangerte an, dass digitale Fruchtbarkeitskalender und Apps allein deshalb so erfolgreich werden konnten, weil so viele Un- und Halbwahrheiten über Zyklus und Schwangerschaft zirkulierten. So finde er in seiner Praxis kaum noch Gehör bei den Frauen, wenn er erklärte, dass Nidations- oder Einnistungsblutungen so gut wie nie vorkämen, weil diverse Quellen im Internet den Frauen vorgaukelten, eine helle Zwischenblutung zwischen Eisprung und Menstruation könnte auf eine Frühschwangerschaft hindeuten. Viele Frauen gäben daraufhin noch mehr Geld für Frühschwangerschaftstests und Folsäurepräparate aus und ließen immer seltener der Natur ihren Lauf. Mittlerweile habe sich der Begriff der Nidationsblutung so sehr in den Kinderwunschforen etabliert, dass Frauen ohne «NDBL» ihre Schwangerschaft für nicht normal hielten und befürchteten, es sei etwas nicht in Ordnung mit dem Baby. Deshalb neigten sie sogar dazu, zur Sicherheit unnütze, aber teure Vorsorgeuntersuchungen machen zu lassen.

Es war ein Glück für mich, über diesen Blog zu stolpern – er machte mich misstrauisch und weckte mich auf, ich gestand mir selbst wieder mehr Vertrauen in meinen gesunden Menschenverstand zu. Bisher hatte ich ohnehin schon vieles in den Kinderwunschforen kritisch gesehen, weil ich weder an Sonnenchakren noch an Regenbogenbrücken glaubte, aber ich hatte meine Meinung für mich behalten, denn als Nichtmutter fühlte ich mich unterlegen. Nun begriff ich: Alle Frauen mit unerfülltem Kinderwunsch haben ihren Kampf auszufechten. Wenn ich eine dieser Kampfhandlungen unsinnig fand, machte mich das nicht automatisch zu einem schlechteren Menschen oder zu einer chancenlosen Wunschmutti. Im Gegenteil: Je mehr Kritik ich mir erlaubte, desto ruhiger und gelassener wurde ich selbst. Für viele mag es hilfreich sein, eine virtuelle Kerze anzuzünden – für mich ist das kein Weg. Aber deshalb bin ich nicht schlechter und nicht besser als andere Frauen. Ich atmete einmal kurz durch und machte dann das, was die meisten Foren empfahlen: eine Detox-Kur. Nur anders.

Ich entgiftete mein Handy. Ich deinstallierte alle Kinderwunsch- und FitforFamily-Apps, sämtliche Fruchtbarkeitskalender und Essenstagebücher. Der Kindersegen stellt sich ein oder eben nicht. Für mich stand fest, dass ich mich nicht länger drangsalieren lassen wollte. Ein gewisses Grundverständnis für die weibliche Anatomie und die Embryologie war nicht von Nachteil. Aber ständig die Basaltemperatur zu messen und Sperma mit der Einwegspritze aufzuziehen, um es dann gezielter einzuspritzen – da hört es für mich auf. Ich lebe nicht in einer virtuellen Welt, und Hibbellisten können mich mal. Ich bin sowieso einmal pro Monat hibbelig bis zum Anschlag, das ist ganz normal, wenn man sich ein Kind wünscht. Und ich horche immer ein bisschen in mich hinein. Aber ich werde mich deshalb nicht mehr verrückt machen. Mit der Entscheidung, mich von den Foren zu lösen, entschied ich mich ja nicht gegen eine Schwangerschaft. Ich entschied mich nur dafür, im Hier und Jetzt zu leben, und nach einer kurzen Phase des Phantomcheckens, in der ich morgens noch automatisch auf dem Handy nach Pushnachrichten suchte, die gar nicht mehr da sein konnten, fühlte ich mich wesentlich befreiter. Seitdem ich nicht mehr dokumentiere, um wie viel Uhr ich Sex habe und welche Menstruationsbeschwerden an Tagen mit welcher Temperatur auftreten, bin ich gelassener geworden – nicht weniger kindersehnsüchtig, aber eben nicht mehr so zwanghaft darauf fixiert, als sei es mein einziger Sinn und Zweck auf dieser Welt, mich fortzupflanzen.

Wenn ich jetzt glaube, frühe, unsichere Anzeichen für eine Schwangerschaft an mir zu entdecken, dann gucke ich schon nach, ob sich das mit den in der Literatur beschriebenen Merkmalen deckt. Dadurch werde ich natürlich nicht schwangerer. Schwanger ist ein nicht steigerungsfähiges Adjektiv. Aber sobald ich bei meinem «mal kurz nachgooglen» auf einen Eintrag nach dem Motto «HILFE! NMT-1 und SOLCHE ÜBELKEIT» stoße, nehme ich Reißaus. Kindersehnsucht ohne virtuellen Stress ist leichter auszuhalten und entspannter sowieso. Und Entspannung – da sind sich wirklich alle analogen, digitalen und auch menschlichen Ratgeber einig – ist nie verkehrt.

Wenn ich ehrlich bin, weiß ich das schon lange, eigentlich liegt dieses Wissen bei uns nämlich in der Familie. Meine verstorbene Großmutter wurde 1905 geboren und hatte nicht einmal ein Telefon, um ihrer Mutter zu erzählen, dass sie schwanger war. Sie hatte zwei Fehlgeburten im Laufe ihres Lebens, das erste lebend geborene Kind wurde nur ein paar Wochen alt und starb an einer Lungenentzündung. Danach kamen zwei gesunde Kinder, die jetzt beide über 75 sind und immer noch großartig und munter. Ich habe meine Großmutter als die beste Oma, die man sich denken kann, in Erinnerung, und ich weiß, dass sie mir Gottvertrauen empfehlen würde, was allerdings für viele Frauen keine Option ist (vor allem nicht für die, denen ein Mann fehlt, das hat bisher nur Maria geschafft). Aber sie würde mir auch sagen, dass Morgenstunde Gold im Munde hat und ich meine Zeit also besser nutzen sollte.

Ich möchte sehr gerne so eine Großmutter werden, wie meine es für mich war, aber wenn mir das nicht gegeben ist, weil niemand den zweiten Schritt vor dem ersten machen kann, dann möchte ich zumindest nicht mein Leben sinnlos verwarten und im rein virtuellen Austausch verbringen. Meine Großmutter hat zwei Weltkriege überlebt und ist immer eine gütige, liebevolle Frau gewesen. Ich hoffe, dass ich keinen Weltkrieg überleben muss, um so zu werden. Und überhaupt: Mir geht es doch jetzt schon gut, und ich bin klug genug, das selbst zu erkennen, auch ohne Zuruf aus Chatrooms. Vom Googeln ist noch niemand schwanger geworden und glücklich erst recht nicht. Und es ist schon gar nicht gesagt, dass alle, die schwanger werden, auch glücklich werden.

# DAS SPIEL DER HORMONE

Hormone steuern viele Regelkreisläufe im Körper und beeinflussen nicht unerheblich unsere Stimmungslage. Kein Wunder, dass ihr reibungsloses Zusammenspiel eine der Voraussetzungen dafür ist, schwanger werden zu können.

Ich hatte mal ein Kaninchen, das immer wieder scheinträchtig wurde. Hermine war ein entzückendes, puscheliges Tier, und einmal im Jahr baute sie mit großer Sorgfalt ein Nest. Sie riss sich büschelweise Fell aus, brachte von Streifzügen unters Sofa Staubflusen mit und sorgte für eine behagliche Atmosphäre in ihrem kleinen Reich. Kam ihr Zwergkaninchen Rüdiger, der kastrierte Hektiker, in dieser Zeit zu nahe, so verbiss sie ihn konsequent. Anschließend hockte sie bis zu sechs Wochen treusorgend in ihrem Nest und schützte den imaginären Nachwuchs, und dabei wurde sie immer pummeliger und uninteressierter an der Welt außerhalb des Geheges. Doch so plötzlich, wie die Scheinträchtigkeit gekommen war, klang sie eines Tages auch wieder ab – offenbar hatte sich die Zusammensetzung des Hormoncocktails im Blut der kinderlosen Häsin verändert, sie wurde wieder lebhaft, nahm ab und zerstörte ihr Nest.

Manchmal komme ich mir selbst wie eine Hermine vor. Immer wenn ich hoffe, schwanger geworden zu sein, beginne ich ganz selbstverständlich, jede ungewohnte Regung meines Körpers und meiner Psyche in diese Richtung zu interpretieren. Wenn ich mich etwa dabei ertappe, wie ich mit Wattestäbchen die Fugen zwischen den Badezimmerkacheln reinige, liegt die Antwort auf der Hand: Nestbautrieb. Ich finde fremde Männer plötzlich unerträglich nervig? Natürlich, Hermine hat das ja auch so gemacht. Dazwischen meldet sich immer mal wieder der gesunde Menschenverstand zu Wort, schreit «lächerlich» und gibt zu bedenken, dass ich mich da in etwas verrenne und die Enttäuschung umso größer werden wird, wenn sich herausstellt, dass es doch nicht funktioniert hat. Aber da ist immer noch diese Sehnsucht, und die verteidigt sich mit allen möglichen und unmöglichen Argumenten. Und so drehen sich die Gedanken im Kreis, und das Putzen wird zwanghaft und das Hoffen auch.

Doch ich bin nicht die Einzige, die ihren Hormonen machtlos ausgeliefert ist, das begriff ich schlagartig, als ich Dahlia kennenlernte. Dahlia ist 41, aber sie hat das Aussehen einer 31-Jährigen und die Energie einer 21-Jährigen. Ihr Mann hat mit seinen fünfzig Jahren bereits drei erwachsene Kinder aus einer früheren Ehe. Seit sechs Jahren versuchen die beiden nun, ein gemeinsames Kind zu bekommen, doch es klappt einfach nicht. Seine Zeugungsfähigkeit steht außer Frage, also schließt Dahlia daraus, dass es an ihr liegen muss und ihr Körper nicht so funktioniert, wie sie es möchte. Natürlich hat sie denselben Weg beschritten wie wir anderen – Arztbesuche, Internetrecherchen, Tagträumereien. Der Hormonspiegel liege im Bereich der Norm, hieß es, das sei nicht der Grund, sie müsse eben Geduld haben. Dahlia und ihr Mann brachten diese Geduld auf. Und endlich konnte sie verkünden: «Ich bin schwanger» – voller Inbrunst und freudestrahlend, und sie sah dabei wie eine Prinzessin aus. So viel Glück! Die Hormone brachten sie und alles um sie herum zum Leuchten. Zumindest für eine Weile.

Denn dann starb das heiß ersehnte Kind ab, einfach so, trotz aller Hingabe und Liebe, trotz bewusster Ernährung und Fürsorge für das Ungeborene, trotz der engmaschigen Überwachung des Hormonspiegels. Es blieb zunächst unbemerkt, das tote Baby drohte, die Mutter zu vergiften. Doch noch rechtzeitig stellte der Arzt fest, welche Gefahr drohte, und ordnete eine Ausschabung an. Außerdem war die Hormonproduktion so durcheinandergeraten, dass sich nicht absehen ließ, wann wieder mit einem Eisprung zu rechnen war.

Dahlia war am Boden zerstört. Niemand konnte sie trösten, erst recht nicht ihr eigener Körper: Er ignorierte den Schwangerschaftsabbruch ganz einfach. Ihre Periode setzte nicht wieder ein, der Bauch wurde nicht kleiner, die Brüste blieben prall und groß. Sie litt an den Symptomen, die sich wie aus dem Lehrbuch der Psychosomatik bei ihr manifestierten. Letzteres kenne ich auch – nach der Ausschabung hatten meine Brüste noch wochenlang stolz geschwellt ein Glück verkündet, das nicht mehr das Licht der Welt erblicken konnte.

Aber Dahlia litt weit mehr. Ihr Körper, der sich erst jahrelang einer Schwangerschaft verwehrt hatte, wollte nun deren Ende nicht akzeptieren. Sie war enttäuscht, dass sie nicht wieder zu menstruieren begann – und das, obwohl sie vor der Schwangerschaft noch jede Monatsblutung verflucht hatte. Doch nun erinnerte sie das Ausbleiben der Regel daran, dass es immer noch keine Chance für eine erneute Empfängnis gab. Sie verzweifelte, wenn sie auf ihren runden

Bauch sah, in dem kein Baby mehr heranwuchs. Kein Baby, dem sie die nach wie vor vergrößerte Brust geben konnte. Auch ihr Mann lernte schnell, dass ein bewundernder Blick auf ihr Dekolleté nicht angezeigt war. Die Hormone spielten verrückt, und Dahlia, die schon allein mit ihrer Trauer genug zu tun gehabt hätte, war ihnen machtlos ausgeliefert.

Wenn sie es nur mit sich selbst und im Verborgenen hätte ausmachen dürfen … Doch sie sah so fraglos schwanger aus, dass Bekannte, die sie lange nicht getroffen hatten, voller Freude spontan gratulierten: «Hat es endlich geklappt? Wie schön! Wann ist es so weit? Was wird es? Nimmst du auch genug Folsäure?» Dahlias Bauch wölbte sich wie ein Schwangerschaftsbauch im 5. Monat. Wer ihr begegnete, sah sie kurz prüfend an, überlegte dann, dass der ermüdete, fahle Gesichtsausdruck auf Schwangerschaftsübelkeit zurückzuführen sei, und wollte etwas Nettes sagen:

«Ist bestimmt gerade sehr anstrengend, die erste Schwangerschaft, oder? Aber wenn es dir so schlecht geht, liegt das nur daran, dass die Hormone sich ganz auf das Baby einstellen, das ist ja eigentlich ein sehr gutes Zeichen!»

Ich mag mir nicht vorstellen, wie sehr sie gelitten haben mag und wie unangenehm solche Situationen für alle Beteiligten waren. Wie schrecklich, eine Schwangerschaft verneinen zu müssen. Die Verlegenheit und das Unbehagen der anderen aushalten zu müssen. Die doppelte Trauer, immer wieder für eine glückliche werdende Mami gehalten zu werden.

Die Ärzte waren ratlos. Wie lange das noch so weitergehen würde, konnte keiner sagen. Die Krux ist, dass die Medizin zahlreiche Möglichkeiten kennt, dem Körper genau diesen Zustand vorzugaukeln oder ihn zu stimulieren, damit sich eine Schwangerschaft leichter einstellt. Aber dem Körper beizubringen, nach der Schwangerschaft wieder zu «Business as usual» zurückzukehren, ist knifflig.

Dahlia verließ das Haus nicht mehr, aus Angst vor den Kommentaren wohlmeinender Mitmenschen. Wochenmärkte, auf denen sie sonst gerne eine Vielzahl gesunder frischer Nahrung gekauft hatte, mied sie jetzt:

«Artischocken? Papayas? Sie wissen aber, dass das für das Baby gefährlich sein kann?!» In ihrer Verzweiflung überlegte sie, 3–6 Kilo unreife Papayas zu essen, eine Methode, mit der in Indien Frauen ungewollte Kinder auf natürlichem Weg abtreiben, besonders wenn sie das dritte Mädchen erwarten und sie sich keine weitere Hochzeit mehr leisten können. Diese Vorgehensweise ist nicht ungefährlich, da außer dem Fötus eben auch die Mutter dabei sterben kann. Und Letzteres hatte Dahlia nicht vor – sie wollte doch endlich Mutter werden, endlich das umsetzen, was ihr Körper bereits antizipiert hatte.

Wir trafen uns erst wieder im Herbst auf ein Glas Wein in einem Lokal. Herbst – das bedeutete dickere Kleidung und damit die Möglichkeit, den Nichtschwangerschaftsbauch zu kaschieren. Wir vermieden sorgfältig das kritische Thema. Nach einer Stunde stand eine Frau, die am Nebentisch saß, auf und kam zu uns herüber: «Entschuldigen Sie bitte, ich sollte mich nicht einmischen. Aber ich arbeite als Ergotherapeutin viel mit Kindern, und die haben oft später Schwierigkeiten in der Bewegungskoordination, wenn die Mutter in der Schwangerschaft Alkohol trinkt, also –»

«Verdammte Scheiße, ich bin einfach nur fett!»

Alles riss die Köpfe herum. Die Ergotherapeutin erstarrte, unfähig zu einer Erwiderung.

Ich warf Geld auf den Tisch, nahm Dahlia am Arm und verließ kommentarlos mit ihr das Lokal. Wir sprachen kein Wort, warum auch. Wir kochten vor Wut. Eine Querstraße weiter kamen wir an eine Bar, Zutritt ab 18. Dort durfte man rauchen, für Schwangere ein verbotener Ort. Wir sahen uns an, Dahlia liefen die Tränen über die Wangen, und trotzdem oder gerade deshalb betraten wir mit verzweifelter Entschlossenheit die verranzten Dielen der Kneipe und steuerten die Theke an. Dort wüteten wir zwei Stunden lang. Hassten lautstark Schwangere und Mütter und Ärzte. Ließen kein gutes Haar an mitfühlenden Freundinnen, schimpften über den verdammten Kapitalismus, der schon im Oktober Adventskalender verkaufte, damit frau auch ja nicht vergaß, dass sie kein Kind hatte, dem sie das Prinzip der täglich zu öffnenden Türchen erklären durfte. Wir brachen aus dem Käfig der starren Regeln aus, die wir uns selbst auferlegt hatten, um schwanger werden zu können. Alkohol, Stress, Aufregung – von alldem hatten wir uns ferngehalten, denn wenn man Mutter werden will, muss man ja alles richtig und perfekt machen. Dahlia hatte wie ich die Schuld für jeden negativen Schwangerschaftstest bei sich gesucht – zu viel Sport, zu wenig Sport, zu viel Süßes, zu wenig Gemüse. Ständig wurden Stellschrauben nachjustiert. Negative Emotionen durften erst recht nicht sein. So hatte ich es mir zum Beispiel verboten, neidzerfressen jede schwangere Frau anzustarren – sofort tadelte mich dann die innere Stimme, dass ich mir mit dieser egoistischen Ader die Mutterschaft nicht «verdienen» würde.

An diesem Abend war all das außer Kraft gesetzt. An diesem Abend gab es keine Tabus mehr. An diesem Abend kotzten wir uns aus. Erst verbal, dann Gin Tonic.

## WENN DIE LETZTE AUSFAHRT POLEN HEISST

Natürlich weiß ich genau, worin das Erziehungsproblem besteht, wenn sich ein Kind trotzig auf dem Supermarktboden wälzt. Klar, der Mutter fehlt nur der richtige Blickwinkel, sie hat Scheuklappen auf, kein Wunder, dass sie nicht merkt, was falsch läuft. Umgekehrt ist es genauso. Wenn andere hören, dass ich keine Kinder bekomme, wissen sie auch sofort, woran es liegt. Kann ja auch gut sein, dass wir uns seit acht Jahren irren, meine Ärzte und ich, und das Problem einfach noch nicht erkannt haben.

In aller Bescheidenheit – ich wage, diese Aussage stark anzuzweifeln. Da ich aber keinen lebendigen Gegenbeweis erbringen kann, lehne ich mich lieber nicht zu weit aus dem Fenster.

Meine Fitnessfreundin Tina ist ebenfalls vom Kinderwunsch geplagt, und bei ihr sind die meisten Angehörigen der Ansicht, sie müsse sich nur mal entspannen und nicht so viel darüber nachdenken, dann klappt das schon mit dem Klapperstorch. Tina hat aber keine Eierstöcke mehr. Da nützt auch der beste Entspannungstee nichts.

Dabei ist es schon beeindruckend, was die Medizin heute alles tun kann, um der Fruchtbarkeit auf die Sprünge zu helfen. Ich bin keine Verfechterin alternativer Heilmethoden, sonst hätte ich für die Kinderwunschbehandlung noch viel mehr Geld ausgeben können. Sicher, ich leide darunter, (noch) keine Mutter zu sein. Aber offenbar bin ich nicht verzweifelt genug, um *jeden* erdenklichen Weg zu gehen. Außerdem argwöhne ich inzwischen, dass es vielleicht auch etwas zu bedeuten hat, wenn mein Körper offenbar nicht in der Lage ist, ein Kind auszutragen. Weiß ich denn, ob in meiner Genetik versteckt eine Krankheit schlummert, die bei einem leiblichen Kind ausbrechen könnte? Womöglich gehört, von einer höheren Warte aus gesprochen, ein Kind eben nicht zu dem, was für mein Leben vorgesehen ist. Ich habe für mich entschieden, der Natur nicht mehr ins Handwerk zu pfuschen. Doch das ist mein persönlicher Weg. Andere Frauen mögen das anders sehen, und ich verstehe jede, die alle Möglichkeiten ausschöpft, um Mama zu werden.

Das Erste, was ein Frauenarzt tut, wenn er hört, dass frau schon länger vergebens auf den Kindersegen wartet, ist, beruhigend auf sie einzuwirken. Ihr eine Broschüre in die Hand und eine Buchempfehlung ans Herz zu legen sowie die Mahnung, nicht zu viel im Internet zu recherchieren. In der Broschüre finden sich wertvolle Tipps über die fruchtbaren Tage im Zyklus, über das Erkennen des Eisprungs anhand von spinnbarem Ausfluss sowie über die Lebensdauer von Spermien und, wenn die Broschüre nicht in einem Vorort, sondern in der Innenstadt ausgehändigt wird, vielleicht noch ein paar Tipps über den Zusammenhang von Gleitgel und Kinderwunsch. Außerdem nimmt der Arzt eine Routineuntersuchung vor, sagt im Normalfall anschließend, dass alles prima aussieht, rät der Frau, das Kinderkriegen entspannt und nicht so verkrampft anzugehen, und weist darauf hin, dass es einfach ein wenig dauern kann. Die Frau begibt sich von der Praxis aus direkt in die nächste Buchhandlung, denn die Broschüre ist dünn, und frau will ja *alles* wissen. Gemein ist nur, dass die Ratgeber Marke *Tiefenentspannt zum Wunschkind* sich meistens dieselbe Ecke teilen wie Titel à la *Meine Schwangerschaft* und *Glücklich durch das erste Jahr*. Und dieses Regal wiederum steht für gewöhnlich unweit der Bilderbuchaufsteller. Denn während die Mami nach Ratgebern zum Durchschlafverhalten oder «Yoga mit Baby» sucht, kann sich der Nachwuchs mit den Bilderbüchern beschäftigen und Mami rechtzeitig einschreiten, bevor ein Buch vom Kind angeknabbert wird.

Die kinderlose Frau kauft ihren Ratgeber und, weil sie sich ja entspannen soll, noch ein Buch mit ohne Kinder drin, am besten irgendetwas von Jane Austen oder einen betulichen Heimatkrimi. Außerdem muss auch noch ein Buch über gesunde Ernährung sein, es kann ja nie schaden, den Körper zu entgiften. Dann bleibt sie kurz bei den Postkarten stehen und überlegt, findet es dann aber doch albern, für sich selbst eine «Hinfallen – aufstehen – Krone richten – weitergehen»-Karte zu kaufen, auch wenn sie glitzert. Solchermaßen gerüstet, macht sie sich auf den Weg in das nächstgelegene Café, bestellt sich einen fettreduzierten Latte macchiato und beginnt zu lesen. Sie ist wild entschlossen, all das umzusetzen, was in Broschüre und Ratgeber steht, schließlich hat der Arzt es empfohlen. Also muss es ja wohl auch helfen.

Während der Lektüre sieht sie ihren Latte macchiato kritisch an und überlegt, ob sie wohl ohne Koffein wird leben können. Dann wackelt sie ein bisschen mit den Füßen, weil man beim Sitzen immer mal die Venen entlasten soll. Außerdem richtet sie sich auf, denn es kommt auf die innere Einstellung an, also darf man sich bloß nicht hängen lassen! Zwischendurch schickt sie eine Nachricht an den Liebsten, in der sie so verrucht wie möglich Sex für den Abend ankündigt, denn man muss ja auch im Schlafzimmer für Abwechslung sorgen. Ferner überlegt sie, wie sie unauffällig den Alkoholkonsum in der Beziehung reduzieren bzw. auf Rotwein umstellen kann – der soll die Spermienqualität begünstigen. Dann schreibt sie eine Einkaufsliste und stellt den Handywecker ein, damit er sie später an die Meditation erinnert. Und während sie die Lektüre gewissenhaft fortsetzt, kommen immer wieder schwangere Frauen in das Café, denn die gynäkologische Praxis ist ja nicht weit weg. Unsere lesende Frau mit Kinderwunsch ist sich nun sicher, auf dem richtigen Weg zu sein. Sie hat ihr Ziel ja vor Augen, es schiebt sich immer wieder in verschieden weit fortgeschrittenen Stadien an ihrem Tisch vorbei.

Nach einer Stunde steht sie auf und steuert die Toilette an. Eigentlich muss sie schon seit zwanzig Minuten, aber in dem Buch steht, sie solle die Beckenbodenmuskulatur trainieren, damit die Spermien länger im Körper verweilen können. Als sie erleichtert auf die Kloschüssel herniedersinkt, fühlt sie sich der Schwangerschaft erneut ein Stückchen näher. Nach dem Cafébesuch kauft sie im Reformhaus Wiegentee mit lauter Kräutern drin, die den Zyklus stimulieren sollen, außerdem Zink- und Vitamin-$B_{12}$-Präparate. Im Supermarkt ersteht sie Gemüse und Biofleisch oder -tofu und legt im Vorüberrollen weiche Baumwollschlüpfer aus der aktuellen Kaffeeröster-Kollektion in den Einkaufswagen, denn untenrum soll man natürliche Materialien tragen und nichts, was einengt. Auf dem Weg zum Auto, das sie der sportlichen Betätigung wegen in Zukunft öfter stehen lassen wird, kauft sie sich noch einen Strauß Blumen als Extrastreicheleinheit für die Seele.

Hundert Euro später, zu Hause, wenn sie ihren Mann mit dem nicht zu scharf gewürzten Putenfilet empfängt, wird sie auf seine Frage, was der Arzt gesagt hat, ihr Glas Weinschorle erheben und sagen: «Ach, Schatz, es ist alles in Ordnung, ich mache mich nicht verrückt. Lass es uns ruhig angehen, es eilt ja nicht.»

Ich weiß nicht, ob ich mich verrückt mache, ich bin nur schon elf Jahre älter als zum Zeitpunkt meiner ersten Fehlgeburt – 37, um genau zu sein. Seither ging ich jedes halbe Jahr zur Kontrolle, und da ich gebetsmühlenartig wiederholte, dass der Kinderwunsch immer noch bestehe, wurde es irgendwann Zeit, an den Schrauben zu drehen, die einem Gynäkologen zur Verfügung stehen. Eine dieser Schrauben ist der Mann. In meinem Fall hatte der Mann allerdings bereits durch einen zehnjährigen Sohn aus erster Ehe seine Zeugungsfähigkeit bewiesen, und besagter Sohn sah dem Vater so ähnlich, dass da auch keine Zweifel bestanden. Außerdem: Ich hatte eine Fehlgeburt gehabt, also konnte man ihn als Grund ausschließen (als Mann übrigens auch, aber darauf kam ich erst zwei Jahre später).

Mir wurde Blut abgenommen. Das ist immer gut – da passiert was, und frau kann sich, bis sie die Ergebnisse hat, ausmalen, es fehle nur ein Vitamin oder Protein oder sonst eine Winzigkeit zum Kinderglück. Bei mir war es tatsächlich zu viel Testosteron, zu wenig Progesteron. Außer Akne und ungewollter Kinderlosigkeit hatte das keine Auswirkungen. Ich hätte liebend gern stattdessen die gesteigerte Aggressivität oder die Gesichtsbehaarung genommen. Pickel kann man wegschminken, fehlende Eisprünge hingegen nicht. Auch eine tiefere Stimme oder Depressionen stellten sich nicht ein, ich blieb ein vergnügter, leise sprechender Morgenmensch und durfte meine helle Stimme behalten. Daher empfand ich diesen Befund nicht als Problem, im Gegenteil: Ich hatte einen Befund, das bedeutet, dass es eine Behandlung gab! Ha! Hallo Kinderwunsch, wir werden schon noch Freunde!

Monatelang fand ich mich alle vierzehn Tage beim Frauenarzt ein, gab Blut und/oder Urin ab und rief drei Tage später an, um die Ergebnisse zu erfragen. Dann erklärte mir der Arzt, der Hormonspiegel sei zwar außerhalb der Norm, doch er würde zum jetzigen Zeitpunkt noch nicht empfehlen, eine hormonelle Behandlung durchzuführen, zumal meine Blutgerinnungswerte auch bedenklich seien – vielleicht sei das erst einmal die vordringliche Baustelle. Ich solle mich entspannen, regelmäßig zur Kontrolle kommen und etwas gegen meinen offensichtlichen Stress unternehmen. So ein Hormonstatus könne sich ja auch wieder verändern.

Für den Stress sorgte der Mann in meinem Leben, der mir zunehmend auf die Nerven ging, darüber hinaus eröffnete ich gerade meine eigene Buchhandlung. Doch gehorsam, wie ich bin, nahm ich den Rat des Arztes an, sagte mir, dass meine Mutter auch erst mit 32 das erste Kind empfangen hatte, und machte meine Hausaufgaben:

- Ich kümmerte mich um meine bedenkliche Blutgerinnung. Das war ein Problem, das mich ganz gut erdete und den Kinderwunsch relativierte. Im Wartezimmer eines Arztes, der auf Blutkrebs spezialisiert ist, wird nämlich im Handumdrehen Leben viel wichtiger als Schwangerschaft. Der Leukämieverdacht bestätigte sich zum Glück nicht, hielt mich aber ein gutes halbes Jahr auf Trab, bis wir, die Ärzte und ich, uns darauf einigten, dass ich einfach wahnsinnig schnell blaue Flecken bekam.

- Ich relativierte auch die Beziehung zu dem Mann, den ich zum Vater meiner Kinder hatte machen wollen. Ich wollte vielleicht doch lieber nicht mein Leben mit ihm verbringen. Das hatte ich mal anders gesehen, aber nun – die Menschen ändern sich, die Ansichten auch, und jede weitere Stunde mit ihm war eine Verschwendung sowohl seiner Lebenszeit als auch meiner. Mit 28 geheiratet, mit 29 geschieden. Damit war die Familienplanung ohnehin vorerst vom Tisch.
- Ich reduzierte Stress. Umziehen in die Nähe meiner Buchhandlung, Katze adoptieren, wieder die Pille nehmen und mir ein Leben jenseits von schmutzigen Windeln und Hausaufgabenkontrolle aufbauen – das war der Plan. Den ich auch durchzog, sogar mit der Katze, die jedoch nach einem Jahr starb. Ich habe einfach kein gutes Händchen für Lebewesen.

In den folgenden Jahren spielte mein Kinderwunsch kaum eine Rolle. Als ich einen neuen Freund hatte, sagte ich, dass ich ein Kind nicht als notwendige Zutat sähe, damit eine Partnerschaft gelingen könne, sondern als Sahnehäubchen. Ich wolle mich in und mit meinem Leben wohl fühlen, dazu bräuchte ich kein Kind. Und ich meinte es so, wie ich es sagte. Wir waren glücklich, aber wir wurden kein Paar, das zusammenzieht und sich eine gemeinsame Zukunft aufbaut.

Mit 33 war ich wieder allein und nun alt genug, um mich erneut meinem Kinderwunsch zu stellen, den ich eine Zeitlang verdrängt hatte, weil ich darunter litt. Und wer leidet schon gern seelisch? Wer stellt sich Tagträume vor, die nicht erfüllbar zu sein scheinen, und nimmt die Traurigkeit darüber in Kauf? Natürlich hatte ich die letzten Jahre genossen, aber ich hatte den Kinderwunschvulkan nur provisorisch mit erkalteter Lava verschlossen, um sein Brodeln zu unterdrücken. Nun kochte alles in immer kürzeren Abständen wieder hoch, zischend und fauchend, und flog mir schlussendlich um die Ohren. Denn da waren sie wieder, die Wunschbilder: Ich wollte sonntags mit meinem Kind an der Alster spazieren gehen, und ich wollte entnervt und mit fettigen Haaren meiner Mutter die Wohnungstür öffnen, weil das Baby mir einfach keine Zeit zum Duschen ließ. Ich wollte für ein Kind sorgen, denn mich beschlich das Gefühl, dass ich sonst meine Bestimmung verfehlte. Aber ein Kind fällt eben nicht vom Himmel, und der Klapperstorch flog immer nur in Sichtweite vorbei.

Was ich stattdessen tat? Ich beschloss, meine Pateneltern zu pflegen, meinen Beruf aufzugeben und Haushälterin, Sekretärin und Palliativpflegerin in Personalunion zu werden. Es waren zwei schwere Jahre, die ich um keinen Preis missen möchte – immer begleitet von dem Wunsch, meine Energie eines Tages meiner eigenen kleinen Familie zu widmen. In dieser Zeit lernte ich mehr über das Leben und das Menschsein als in der gesamten Zeit davor. Mir wurde bewusst, dass es mir Freude machte, Menschen zu umsorgen, und dass ich es gut konnte.

Doch selbst wenn es noch keinen Vater zum Kind gab, konnte ich zumindest von der gesundheitlichen Seite her in die Wege leiten, was nötig war, um eine Familie zu gründen. Es war für mich an der Zeit, mir einen neuen Arzt zu suchen, erneut den Hormonstatus prüfen zu lassen und mir bestätigen zu lassen, dass ich in der Lage war, ein Kind zu bekommen – zumindest theoretisch. Neuer Frauenarzt, neues Glück, neue Ideen. Dieser Gynäkologe ging anders an die Sache heran, zumal ich ja mittlerweile 34 war und damit bereits als «spätgebärend» gegolten hätte. Die erste Nachricht war eine gute: Mein Hormonstatus war kein Problem mehr. Allerdings hatte ich ihm anvertraut, dass ich oft Schmerzen beim Geschlechtsverkehr hatte, und er vermutete, dass vielleicht eine Endometriose, also gutartige Verwachsungen der Gebärmutterschleimhaut, für die Schmerzen wie auch für die Unfruchtbarkeit verantwortlich sein könnte. Er legte mir zur Abklärung eine Operation nahe, bei der im Falle eines Falles auch gleich die Endometriose gelöst, also der Weg für die Eizellen freigemacht werden könne.

Bisher war ich gegen medizinische Eingriffe gewesen. Es erschien mir anmaßend und riskant, an einem ansonsten gesunden Körper eine Operation vornehmen zu lassen, nur um meinem Kinderwunsch einen Schritt näherzukommen. Ich hörte mich um, las mich ein und entschied, dass ich diese Maßnahme vor mir selbst vertreten konnte. Keine Schmerzen beim Sex waren eine verlockende Aussicht, die auch meine innere Anspannung lösen würde. Eine Vollnarkose und Hysteroskopie später wusste ich: An Endometriose liegt es nicht, und die Schmerzen haben wohl eher eine psychische Ursache. Ich fügte mich in mein Schicksal und in ein Leben mit unerfülltem Kinderwunsch.

Dabei hätte das noch lange nicht das Ende der Fahnenstange sein müssen, und andere Frauen unternehmen ja auch wesentlich mehr. Sie lassen in weiteren Vollnarkosen alle Bereiche der Gebärmutter endoskopieren, um mögliche Gewebeschäden zu identifizieren, die Durchgängigkeit der Eileiter wiederherstellen oder mittels einer laparoskopischen Elektrokoagulation die Anzahl der zu kleinen Follikel reduzieren. Bei all diesen hoffnungsvollen Eingriffen darf man allerdings nicht vergessen, dass es veritable Operationen sind. Der Körper muss eine Vollnarkose verkraften, er muss operativ beigebrachte Wunden ausheilen, die Psyche muss damit zurechtkommen, und last, not least birgt jeder einzelne Eingriff immer auch das Risiko, dass man nicht wieder aufwacht. Wie verzweifelt, wie hartnäckig muss der Kinderwunsch in den Frauen brennen, wenn sie all das auf sich nehmen? Wenn sie ihre eigene Unversehrtheit kompromisslos aufs Spiel setzen? Wie viel Kummer, wie viele Tränen sind diesen Entscheidungen vorausgegangen? Wie viele mit klopfendem Herzen gekaufte Schwangerschaftstests, wie viele endlose Stunden im Internet?

Das bringt uns wieder zu meiner Fitnesstrainerin Tina. Sie, der mit 25 Jahren die Eierstöcke entfernt werden mussten, wünscht sich, Mama zu werden. Sie hat einen sehr lieben Freund, der den Kinderwunsch teilt. Inzwischen ist sie 34, sie hat Karriere gemacht, und es wird allmählich Zeit, an die Familienplanung zu denken. Das sagen auch alle Verwandten: «Ihr habt doch so eine schöne Wohnung, der Hund ist auch kein Welpe mehr – worauf wartet ihr noch?» Was soll sie dazu sagen, wenn sie nicht jedem erzählen will, dass sie keine Eierstöcke mehr hat?

Sie wartet darauf, dass in der Bundesrepublik Deutschland erlaubt wird, was bisher nur im Ausland möglich ist: das Einsetzen der befruchteten Eizelle einer anderen Frau in die Gebärmutter (möglich ist noch mehr: Befruchtung mit den Spermien des Partners, aber auch eines fremden Spenders, aber das nur am Rande). Was in Deutschland illegal ist, gestatten die Nachbarstaaten Dänemark, Polen,

Tschechien. Kein Wunder, dass es in den letzten Jahren zu einem regelrechten Eizellentourismus über die Landesgrenzen gekommen ist.

Ich weiß, wie unglücklich ein unerfüllter Kinderwunsch machen kann, deshalb möchte ich mir nicht anmaßen, die Fragen nach Ethik und Moral aufzuwerfen, nach erlaubt und nicht erlaubt, nach Politik und Wirtschaftlichkeit, die vermag ich nicht zu beantworten, nicht zu verurteilen und vor allem: für niemanden zu bewerten. Niemand, der diese Entscheidung trifft, hat es sich leicht gemacht. Außerdem kostet es eine Stange Geld – und eine gehörige Portion Mut, weil man ja der Natur ins Handwerk pfuscht, viel mehr noch als bei einer herkömmlichen Insemination. Mich jedenfalls beschleicht ein mulmiges Gefühl, wenn ich auf den einschlägigen Websites lese: «Möchten Sie ein Baby? Zur Preisliste für Embryonentransfer klicken Sie hier.» Oder: «Blättern Sie im Fotokatalog der anonymen Spenderinnen ...» Wie für einen Kurzurlaub wird dort geworben – tschechische Einrichtungen schreiben etwa, man sei ja nur siebzig Kilometer von Dresden entfernt. Was soll das dem Paar sagen? «Machen Sie Urlaub in Dresden – Wellnesshotel mit Schlemmerfrühstück –, zum Embryoneneinsatz müssen Sie dann nur rasch über die Grenze. Am Nachmittag besichtigen Sie dann die Frauenkirche und können bei Bedarf sogar noch beten!»

Dennoch ist es für manche Paare, für manche Frauen der einzige Weg zum Wunschkind.

Tina, die keine Schuld an ihrer Unfruchtbarkeit trägt, wird vielleicht eines Tages mit ihrem Freund die Autobahn Richtung Polen nehmen, weil das ihre letzte, einzige Möglichkeit ist, ein Kind zu bekommen. Sie schließt es nicht aus.

Vermutlich wird sie noch häufiger in Zornestränen ausbrechen, wenn ihr mal wieder jemand Heilmassagen oder Kräutertees empfiehlt. Sie wird weiter durchs Netz surfen, an Adoptionsrichtlinien verzweifeln und sich in einen weiteren Welpen verlieben. Vielleicht wird sie aber auch irgendwann gelassener sein und sich mit der Situation abfinden. So, wie sie ist.

# DIE KINDERLOSE BILDERBUCHKARRIERE

«Was wollen Sie denn, Sie sind doch Lehrerin, da haben Sie Kinder genug!» Mit diesem Satz kommentierte ein Gynäkologe die Tränen meiner Mutter, mit denen sie auf die Nachricht reagierte, dass sie wohl keine eigenen Kinder bekommen könne. Meine Mutter war damals 26, hatte wie jeder Mensch ihre eigenen Träume, Vorstellungen und Pläne für ihr Leben und die Weichen entsprechend gestellt, auf dem zweiten Bildungsweg Karriere gemacht und studiert. Vielleicht war der Gedanke an eigene Kinder noch nicht konkret, aber dass ihr diese Möglichkeit vollkommen genommen sein sollte, traf sie dennoch tief.

Sechs Jahre später wurde mein Bruder geboren. Nicht nur in dieser Sache hatte der Arzt meiner Mutter also unrecht. Denn was hatte er mit seinen sicherlich als Trost gemeinten Worten sagen wollen? Gibt es Berufe, in denen man keine eigenen Kinder «braucht», weil man ohnehin ständig mit den Kindern fremder Eltern zu tun hat? Soll ich auf Lehrerin umschulen, Kindergärtnerin, Säuglingsschwester, Verkäuferin beim Babyausstatter? Ich war eine Zeitlang Aushilfe in einer Kinderarztpraxis, das hätte mir dann ja «reichen» müssen.

Fakt ist hingegen, dass es Berufe gibt, mit denen eigene Kinder schwerer zu vereinbaren sind als mit anderen Jobs – Berufe zum Beispiel, die mit Schichtdienst verbunden sind.

Dann sind da noch die Jobs, in denen im Gegenteil Mütter sehr wohl willkommen sind – das müssen aber oft die kinderlosen Arbeitnehmer ausbaden, indem sie unbeliebte Dienste oder Aufgaben übernehmen oder einspringen müssen, wenn eine Mutter oder ein Vater wegen Krankheit des Kindes kurzfristig zu Hause bleiben muss. So gesehen entlasten die kinderlosen Arbeitnehmer die arbeitenden Eltern immer wieder. Das wollen Mamis und Papis nicht hören. Und wenn man eine Mutter darauf anspricht, wird sie sich dagegen wehren, empört sein und sich ungerecht behandelt fühlen. Dabei ist es nicht ungerecht. Es ist eine Tatsache und Teil des Generationenvertrages, und ich finde es nicht schlimm. Ich finde es aber schlimm, wenn man als kinderlose Frau nicht sagen darf, dass man auch berufliche Nachteile wegen der arbeitenden Mamis hat. Nur weil ich von einem Nachteil spreche, heißt das nicht, dass ich dagegen bin. Es ist eine Feststellung. Wie die Steuererklärung. Das gehört zum Leben dazu, auch wenn man sich manchmal darüber ärgern kann. Über die Steuererklärung darf jeder meckern, über Kinderwunschprobleme im Job offenbar nicht. Meine beste Freundin Svenya ist Polizistin, sie arbeitet also im Schichtdienst. Als Polizeianwärterin ebenso wie auch später, als ihre Ausbildung beendet war. In diesem Beruf sind geregelte Arbeitszeiten selten. Als Polizistin muss man prinzipiell immer arbeiten, auch wenn man frei hat. Am Beginn ihrer Laufbahn durfte selbstverständlich nicht nach dem Kinderwunsch gefragt werden, aber allen Mitgliedern des Einstellungskomitees wird klar gewesen sein, dass die wenigsten zukünftigen Polizistinnen Kinder kriegen werden, bevor sie verbeamtet und fertig ausgebildet sind. Polizeianwärterinnen sind vermutlich selten schwanger. Das bedeutet, dass man, weil man in der Ausbildung ist, natürlich die ganze Arbeit macht, auf die andere keine Lust haben. Das ist in jedem Beruf so – wenn du am Anfang stehst, machst du die Drecksarbeit. Polizisten arbeiten im Schichtdienst, und natürlich haben Anfänger oft die Dienste an Weihnachten oder Silvester. Ja, in der Theorie ist das vollkommen gleichmäßig auf alle Polizisten verteilt, aber in der Praxis tauscht man so lange Dienste hin und her, bis nur die an Weihnachten arbeiten, die das auch wollen. Und das sind in der Regel die, die keine Kinder haben. Wenn man Kinder hat und arbeiten will, ist man eine Rabenmutter. Wenn man keine Kinder hat und nicht arbeiten will, ist man egoistisch. Wenn man einen Kinderwunsch hat und Weihnachten arbeiten möchte, ist man arm dran und somit nicht belastbar. Zuerst arbeitete meine Freundin also an Weihnachten, weil sie ganz unten auf der Karriereleiter stand. Später dann, weil sie noch keine Kinder hatte. Wieder später, weil sie immer noch keine Kinder hatte. Und heute tut sie es, weil Arbeiten mittlerweile zu ihrem Weihnachten dazugehört.

Natürlich gibt es auch Mütter, die zu Weihnachten arbeiten, aber wenn sie das tun, ist das sehr nett von ihnen. Von kinderlosen Frauen wird es geradezu erwartet. Wer sich Kinder wünscht und sich moralisch dazu verpflichtet fühlt, an Weihnachten zu arbeiten, weil die Kollegen mit Kindern darauf setzen, wird es als doppelte Strafe empfinden. Es ist ein Unterschied, ob man etwas freiwillig tut oder ob man gar keine andere Wahl hat.

Ich habe mit den Personalverantwortlichen verschiedener staatlicher und nichtstaatlicher Unternehmen gesprochen. Sie alle verfolgen mehr oder weniger dieselbe Strategie: Wenn die Bewerberin Anfang zwanzig ist, kann man sie relativ bedenkenlos einstellen – bis sie wegen Schwangerschaft ausfällt, wird es noch dauern. Es ist zwar verboten, im Jobinterview nach Schwangerschaft oder Kinderwunsch zu fragen, aber meistens bauen Einstellungsbeauftragte ein paar Fragen in das Gespräch ein, die nach Teamfähigkeit klingen sollen, aber ihnen verraten, welchen Stellenwert das Thema Familie im Leben der Bewerberin einnimmt.

Die Personaler kalkulieren damit, dass der Kinderwunsch konkreter wird, wenn die Bewerberin Ende zwanzig ist – sie sollte also alles tun, um ihren Kinderwunsch, soweit vorhanden, zu verbergen. Ist die Frau Anfang dreißig, ungebunden und immer noch kinderlos, sollte man sie lieber nicht einstellen, wenn der Großteil der Kollegen männlich ist. Sie könnte Unruhe ins Büro bringen und womöglich eine Affäre mit einem Mitarbeiter anfangen, der seine Frau mit der kinderlosen Kollegin betrügt. Und dann ist sie auf einmal doch schwanger.

Sobald die Frau die 35 überschritten hat, wird es wieder «ungefährlicher», sie einzustellen. Sie wird sich in die Arbeit stürzen – falls sie früher Kinder wollte, ist das jetzt meistens nicht mehr so wichtig, sonst würde sie nicht noch einmal beruflich durchstarten. Und selbst wenn sich die Frau ein Kind wünscht, ist die Wahrscheinlichkeit doch recht hoch, dass es nicht klappt. Und falls es klappt, ist eine Frau, die spät Mutter wird, darauf bedacht, durch die Mutterschaft im Job nicht negativ aufzufallen. Wer nach langer Kindersehnsucht endlich schwanger wird, will beweisen, dass sie es auch verdient hat und jetzt keine typische Mami wird. Sie bekommt ihr Kind und sitzt zwei Monate später wieder im Büro. Oder frau stürzt sich in die Arbeit, weil sie eine Fehlgeburt verdrängen muss. Der Personalchef einer

Krankenkasse sagte mir sogar: «Ein Chef, der menschlich ein Arsch ist, aber beruflich erfolgreich, wird vorzugsweise leicht anorektische Frauen mit unerfülltem Kinderwunsch einstellen. Die arbeiten bis zum Umfallen, um sich von ihrem Privatleben abzulenken. Was Besseres kann er für sein Unternehmen nicht finden!»

Gut zu wissen, dass sich zumindest meine beruflichen Perspektiven durch meinen unerfüllten Kinderwunsch verbessert haben. Ich habe das nämlich am eigenen Leib erfahren – mit 36 bekam ich eine Stelle angeboten mit dem Hinweis, ich sei auch deshalb in der engeren Auswahl, weil bei mir keine Schwangerschaft mehr zu befürchten sei. Das stimmt, ich befürchte auch keine Schwangerschaft. Ich begehre sie.

Laetitia – 39, kinderlos, Fachanwältin für kaufmännisches Vertragsrecht – habe ich bei unserem gemeinsamen Gynäkologen kennengelernt. Da wir beide bei der Blutabnahme zur Ermittlung des Hormonstatus nebeneinanderlagen, fanden wir rasch als Schwestern im Geiste zusammen. Laetitia ist eine wunderschöne Frau und hat dieses porenfreie Gesicht, bei dem man sich immer unsicher ist, ob es natürlich schön oder unfassbar perfekt geschminkt ist. Sie erschien im Businessdress zum morgendlichen Arzttermin. Sie wollte gleich weiter ins Büro und erzählte, dass sie extra eine dunkelrote Bluse angezogen habe, damit es, falls die Vene doch nachblute, nicht sofort auffiel. «Man kann ja nicht mal zum Gynäkologen gehen, ohne dass dir irgendjemand eine Schwangerschaft oder eine Abtreibung andichtet. Wenn ich im Büro sage, dass ich beim Frauenarzt zum Blutabnehmen war, dann kriege ich keine guten Mandate mehr, weil alle denken, ich bin sowieso bald schwanger und weg vom Fenster.»

Nach einer Pause fügte sie hinzu: «Allerdings sind die guten Mandate meistens über ganz Deutschland verteilt. Ich muss viel reisen und bin selten zu Hause. Das ist auf Dauer auch nichts.»

Als wir uns ein halbes Jahr später wiedertrafen, hatte sie den Job gewechselt. Warum? Weil sie keine Lust mehr hatte, den Kopf für die Mütter und Schwangeren hinzuhalten, sagte sie. Ihr Chef habe sie an einem Donnerstag nach zehn Stunden Arbeit zu Hause angerufen und gebeten, in einer Stunde in ein Flugzeug nach München zu steigen, damit sie am nächsten Tag den Termin einer Kollegin übernehmen könne. Deren Kind sei nämlich krank. Laetitia hatte zu diesem Zeitpunkt bereits drei Nächte in drei verschiedenen Städten hinter sich und fand es daheim gerade ganz anheimelnd. Außerdem stand ihr Eisprung kurz bevor, weshalb sie die Nacht gern daheim bei ihrem Partner verbracht hätte. Warum nicht die reguläre Vertretung der Kollegin den Termin wahrnehmen könne, fragte sie – die sei in den Fall eingearbeitet und habe außerdem die ganze Woche im Büro verbracht. «Ja, aber die ist schwanger. Sie will nicht fliegen, und Kollege XY will ja auch mal einen Abend bei seiner Familie sein, der fällt also auch aus.» Laetitia befand sich leider erst im Vorstadium einer Schwangerschaft und hatte mithin kein hieb- und stichfestes Gegenargument vorzuweisen – jedenfalls nicht in den Augen ihres Arbeitgebers: keine Kinder, kein Recht auf Privatleben. Sie flog also doch und saß wieder einen Abend lang alleine im Hotel. Während sie auf dem hoteltypisch festgesteckten Bettüberwurf saß und das einfallslose Bild über dem Bett betrachtete, kamen ihr die Tränen. Wieder eine Nacht nicht zu Hause, wieder eine Chance weniger, die fruchtbaren Tage erfolgreich zu nutzen, wieder einschlafen mit dem Hotelfernseher. Wieder ein Frühstück, welches von austauschbaren Hotelkellnern abgeräumt wird, ein Morgen ohne trappelnde Kinderfüße, die einen viel zu früh wecken. Wieder ein dankbarer Blick in den Spiegel, dass zumindest die Augen die Tränen der Nacht verziehen haben. Wenn schon kein Kindersegen, dann wenigstens gesegnet mit gesunder Haut.

Nach dem Frühstück rief sie ihre Kollegin mit dem kranken Kind an und holte sich letzte Infos für den Mandantenbesuch. Sie erfuhr, dass es dem Kind schon viel besser gehe. Laetitia war ein wenig enttäuscht und schämte sich gleichzeitig dafür. Nicht einmal die Rolle des rettenden Engels war ihr vergönnt, der es der sorgenvollen Mutter ermöglichte, am Bett des schwerkranken Kindes zu wachen. Aber da man so etwas nicht einmal denken, geschweige denn laut aussprechen durfte, heuchelte sie gekonnt Erleichterung.

«Bei Kindern weiß man nie so genau», erklärte die Kollegin. «Da kann ja immer alles oder nichts passieren. Gut, dass du da so flexibel bist.» Was sie leider nicht sagte, war: «Danke, dass du so spontan eingesprungen bist.» Oder: «Es ist schade, dass du noch keine Kinder hast, aber in diesem Fall hat es mir echt den Hals gerettet. Ich hoffe, du hattest ohnehin nichts vor und musstest keine Verabredung absagen.» Wie immer war es selbstverständlich, dass die kinderlosen Arbeitsbienen für die Eltern einsprangen. Keine Würdigung der Spontaneität, kein Respekt vor dem Privatleben einer kinderlosen Frau. Das hat so lange hinter dem Kinderwunsch zurückzustehen, bis man endlich schwanger ist. Dann, und erst dann darf man sich freie Abende wünschen. Dabei hat man dann ja eigentlich erst recht keine mehr.

Laetitia rief am Freitagmittag ihren Chef an und berichtete vom Ausgang des Mandantentreffens. Sie hatte weit mehr erreicht, als sich die Firma erhofft hatte, der Chef sparte nicht mit Lob, und immerhin, er bedankte sich für ihren selbstlosen Einsatz. Dabei war doch er es, der ihr keine Wahl gelassen und sie praktisch genötigt hatte. Sie hätte vielleicht ihren Chef überzeugen können, dass er einen anderen Kollegen hinschickte, aber die Ächtung im Kollegenkreis, weil sie nicht für die Mami eingesprungen war, hätte lang angehalten. Wenn dann noch jemand von ihrer Kindersehnsucht erfahren hätte, dann wäre die einhellige Meinung gewesen, sie gönne der Kollegin die Mutterschaft nicht und habe ihr eins auswischen wollen. Männer mit Kinderwunsch haben solche Probleme nicht, bei denen vermutet auch niemand, dass sie mal schnell einen Flug nach Hause buchen, weil die Frau anruft und sagt, der Zeitpunkt für eine erfolgreiche Zeugung sei gerade günstig, ob er mal schnell von der Tagung nach Hause kommen könnte. Dabei tun sie das durchaus.

Warum kriegen wir Kindersehnsuchtsfrauen immer den Schwarzen Peter? Männer mit Kindersehnsucht sind ehrbar und toll, Frauen sind verzweifelt.

Als das Gespräch mit dem Chef schon fast beendet war und Laetitia nur noch auf eine Gesprächspause wartete, um «schönes Wochenende» zu sagen, kam der Satz: «Ach so, wo du ja gerade schon in München bist, heute Nachmittag ist noch die Jubiläumsfeier der Firma Musterhaus, da sollte sich ohnehin jemand von uns blicken lassen, ist nur für die anderen mit Familie immer ein bisschen schwierig, könntest du vielleicht?»

In Laetitia explodierte die Ampel von gelb auf rot auf gehtnichtmehr.

«Alle anderen haben ein Privatleben und feiern am Wochenende und gründen Familien, nur ich sitze ungefickt im Hotelzimmer und halte den Arsch für die Firma hin?!»

«Wenn du den Arsch hinhältst, kannst du dich ja nicht beschweren, ungebumst zu sein, hahaha.»

Er nahm sie nicht ernst. Auf der einen Seite war das ein Glück, denn sie hatte nicht eben gute Umgangsformen bewiesen. Auf der anderen Seite hatte ihr Chef etwas nicht verstanden, was ihr selbst gerade glasklar geworden war: Während andere Frauen ein Privatleben und Kinder hatten, ließ sie sich verheizen. Vielleicht würde sie nie Mutter werden, aber das konnte und durfte doch nicht bedeuten, dass ihre Freizeit, ihr Alltag jenseits des Berufs weniger wert war als der der Eltern. Sie würde die Firma irgendwann verlassen, vielleicht mit einer guten Abfindung und einem dicken Blumenstrauß, aber das würde die verlorenen Abende nicht zurückholen, die sie fern von zu Hause in irgendeinem Hotelzimmer verbracht hatte.

Laetitia sagte, in diesem Moment habe sie begriffen, dass sie immer nur darauf gewartet hatte, ihr Leben ändern zu können, sobald sie schwanger war: «Wenn ich schwanger bin, ziehen wir in eine größere Wohnung. Wenn ich schwanger bin, nehme ich mir Zeit für Yoga. Wenn ich schwanger bin, fahren wir an die Nordseeküste und gehen spazieren. Wenn ich schwanger bin, arbeite ich weniger und lese gute Bücher. Wenn ich schwanger bin, werde ich öfter selbst kochen, das spart ja auch Geld.» Aber die Theorie allein führte nicht zum Ziel. Sie musste sich endlich das Recht herausnehmen, so zu leben, wie sie es wollte. Sie wollte nicht länger hinter den Müttern zurückstecken. Sonst war es womöglich irgendwann biologisch zu spät für ein Baby, und dann hätte sie jahrelang für nichts und wieder nichts gebuckelt und verzichtet. Und wenn der gegenteilige Fall eintrat und sie doch noch ein Kind bekam, dann würde sie aus naheliegenden Gründen all die Dinge, die sie jetzt immer wieder verschob, ohnehin nicht mehr tun können. Die einzige Zeit, so zu leben, wie sie es sich wünschte, war jetzt.

Die Jubiläumsfeier in München fand am Nachmittag mit Laetitia statt, denn sie wollte ihren verbalen Ausbruch wiedergutmachen. Sie blieb die obligatorischen zwei Anstandsstunden, dann bekam sie eine WhatsApp von ihrem Freund. Er sitze in der Maschine von Hamburg nach München, ob sie ihm kurz den Namen ihres Hotels sagen könnte und morgen mit ihm durch den Englischen Garten joggen wolle?

Mittlerweile hat sich Laetitia einen stinknormalen Nine-to-five-Job gesucht. Sie verdient nicht mehr so viel wie vorher, ist aber wesentlich entspannter. Außerdem fährt sie mit dem Rad zur Arbeit und nimmt sich nach den Frauenarztbesuchen frei, damit sie anschließend in die Sauna gehen oder einen Einkaufsbummel machen kann und sich nicht erklären muss. Bei ihrer Einstellung hat sie der Einschätzung des Personalers nicht widersprochen, als er bemerkte, in ihrem Alter sei ja jetzt auch nicht mehr mit Kindern zu rechnen. Sie hat beschlossen, die Tatsache, dass sie noch nicht Mutter ist, bis zum Anschlag auszukosten, und geht am Wochenende kitesurfen. Nicht unbedingt ungefährlich und sicher kein Sport für verantwortungsbewusste Mütter, aber Laetitia muss ja auf niemanden Rücksicht nehmen. Parallel beginnt sie, die Möglichkeiten der Medizin auszuloten, um vielleicht doch eines Tages ihrem Arbeitgeber die frohe Botschaft verkünden zu können, dass sie bald für eine Weile ausfallen wird. Ich wünsche es ihr. Aber, und das sagt sie selbst: «Falls es doch noch klappt, will ich meinem Kind später nicht sagen müssen, ich hätte mein ganzes Leben nur darauf verwendet, zu arbeiten und dieses Kind zu bekommen, und ansonsten nichts erlebt. Und falls es nicht klappt, will ich nicht irgendwann zu alt für all das sein, was ich mir bisher versagt habe.»

# VORHÖLLE WARTEZIMMER

Nach meiner ersten Fehlgeburt wollte ich vor allem eines: so schnell wie möglich wieder schwanger werden. Als erste Amtshandlung wechselte ich deshalb den Frauenarzt.

Ich habe einmal nachgerechnet, wie viele verschiedene gynäkologische Praxen ich im Laufe der Zeit von innen gesehen habe – es waren eindeutig zu viele. Immerhin, dank meiner Frauenarzt-Odyssee weiß ich inzwischen, dass meine Kinderlosigkeit nichts mit eindeutigen physischen Fehlfunktionen oder Störungen zu tun hat. Trotzdem bereue ich es, nicht einem einzigen Arzt treu geblieben zu sein. Bei meinem ersten allerdings – ich war 16 oder 17 – habe ich nicht viel wahrgenommen außer meinem eigenen Unbehagen. Und außer einer Klassenkameradin aus der Grundschule, die mit einem Baby auf dem Arm im Wartezimmer saß. Ich dachte damals selbst noch nicht ans Kinderkriegen, aber es verblüffte mich doch, dass ein einst so garstiges Mädchen ein so süßes Kind bekommen haben sollte. *Erstaunlicherweise stelle ich beim Schreiben dieses Kapitels fest, dass besagtes Baby heute etwa 20 (20!) Jahre alt sein müsste. Meine garstige Klassenkameradin könnte bereits Großmutter sein.*

Seitdem in gynäkologischen Praxen immer öfter kleine oder auch größere medizinische Wunder wahr werden, kann man sich den wort- und bildreichen Dankesbezeugungen der glücklichen Doch-noch-Eltern schwer entziehen. Irgendwann während der Hochphase meiner Kindersehnsucht war ich so entsetzlich genervt von all diesen Babybildern an den Wänden, dass ich mir nur deshalb einen anderen Arzt suchte. Ich floh vor all den Vierfarbklappkarten, die «Janice ist da!» und «Unser kleiner Held ist auf der Welt!» verkündeten und jeden Quadratzentimeter Wand im Empfangsraum bedeckten.

Meine Mutter hatte auch so eine Karte an den Arzt geschickt, nachdem ich geboren worden war. An den Arzt, der zu ihr gesagt hatte, das Kind (ich!) würde, wenn überhaupt, vermutlich tot zur Welt kommen, da bei der Fruchtwasseruntersuchung etwas schiefgelaufen war und sie wochenlang mit mir im Bauch auf der Seite liegen musste, um mich nicht zu verlieren. Meine Mutter hat um mich kämpfen müssen, denn sowohl der Arzt als auch die Krankenschwestern sagten ihr, sie solle mich nicht austragen. Aber sie hatte ihr Gottvertrauen und ihren festen Willen, und da bin ich nun. Sie schickte die Karte mit gerechter Genugtuung. Geantwortet hat er mit der Abrechnung der letzten Konsultation bei ihm. Gynäkologen sind manchmal auch nur Menschen.

Vielleicht beruhigen die Bilder manch gebärwillige Frau, weil sie so vor Augen hat, wie vielen Kindern hier schon auf die Welt geholfen wurde. Oder es nimmt Erstgebärenden die Angst. Mich bedrückte es eher, auch wenn ich weiß, dass das den Müttern gegenüber unfair ist, die sich beim Arzt und seinen Angestellten für die Unterstützung während der Schwangerschaft bedanken möchten. Ich weiß nicht, ob in den WhatsApp-Zeiten noch viele Menschen solche Karten verfassen, Fakt ist, sie sind weniger geworden in den Praxen.

Zumindest in den Innenstädten. In vielen ländlicheren Gegenden gibt es immer noch Wände voller Fotos; in den klinischen, hypermodernen Praxen der quadratmeterpreiserhöhten Stadtteile findet man keine mehr. Hier sind statistisch sehr viel mehr Frauen wegen eines Kinderwunsches in Behandlung.

Die Gemeinde der Frauen, die Unterstützung schon vor der Schwangerschaft brauchen, wächst. Oft sind das ältere Akademikerinnen, die einfach später mit dem Kinderkriegen anfangen. Wenn es bei ihnen nicht auf Anhieb klappt, liegt der Weg zum Facharzt des Vertrauens nahe, denn auch bei ihnen tickt die biologische Uhr, und sie wollen nicht warten, bis sie eventuell *zu* alt sind und gar nichts mehr geht. Sie wollen, bestenfalls zwischen 35 und 39, ihre Kinder bekommen, auf jeden Fall mindestens zwei, zur Sicherheit, drei, wenn sie nicht als spießig gelten wollen. Ab vier Kindern ist man entweder unverschämt reich oder unverschämt asozial – diese Einschätzung wird leider häufig suggeriert. Das Problem ist – und das wollen viele nicht wahrhaben –, dass die Reproduktionsfähigkeit mit zunehmendem Alter sinkt. Bei einer gesunden Frau zwischen 25 und 32, so die Erfahrungswerte, sollte eine Schwangerschaft innerhalb der ersten sechs Monate eintreten, sobald sie nicht mehr verhütet. Zwischen 32 und 38 Jahren kann es bis zu 18 Monate dauern, und ab 38 sollte man sich erst dann ernsthafte Gedanken um die eigene Fruchtbarkeit machen, wenn nach zwei Jahren keine Schwangerschaft eingetreten ist.

Diese Zeit wollen viele Frauen (besonders die, die es gewöhnt sind, zu planen und zu kontrollieren) jedoch nicht ins Land ziehen lassen. Sie wollen rasch Erfolge sehen. Nicht viele 38-jährige Frauen werden heute ergeben mit der

Kinderwunschbehandlung warten, bis sie vierzig sind, was ich nur allzu gut verstehen kann. Das führt aber auch dazu, dass viele meinen, sobald sie ein Kind wollen, muss das innerhalb der ersten zwei Monate zustande kommen. Und sie regen sich dann über die Kinderbilder in den Praxen auf, weil sie sich dadurch unter Druck gesetzt fühlen. Die Ärzte müssten diese Ungeduld allerdings nicht unbedingt unterstützen, sondern könnten zum Warten ermuntern: «Hoffen und vögeln», riet mir ein Gynäkologe. Aber jeder Arzt führt ein kleines Unternehmen, und Kinderwunschbehandlungen tragen zu dessen Rentabilität bei, also wird er sich nicht lange gegen die Wünsche der Frauen zur Wehr setzen.

Die Klientel einer Frauenarztpraxis erkennt man spätestens an der Lektüre, die im Wartezimmer ausliegt. Ich habe mich einmal zu einer Ärztin verirrt, deren Praxis in einem sozialen Brennpunkt lag. Ich erinnere mich, dass bei ihr weder frohe Geburtsbotschaften noch Hochglanzmagazine zu finden waren, dafür aber Broschüren über Hilfsangebote bei häuslicher Gewalt und die Gefahren von Nikotinkonsum in der Schwangerschaft. So neidisch ich auch manchmal auf die Mütter dieser Welt bin – es gibt viele von ihnen, die sich mit viel existenzielleren Sorgen herumschlagen müssen, als die meisten von uns. Im Gegensatz zu diesen Frauen, denen hoffentlich wenigstens ihr Kind Glücksmomente beschert, sorgen sich andere Mamis darum, ob die Nachbarin eventuell das gleiche Umschlagdesign für ihr Mutterpassheftchen hat. Mutterpassheftchen sind die Vorstufen der U-Hefte *(für uns Nicht-Mütter: U-Hefte beherbergen die Ergebnisse der Vorsorge-Untersuchungen der Kinder, die eine sinnvolle Pflicht in Deutschland sind).*

Ich habe mal arglos bei einem Onlineshop ein Notebooksleeve bestellt und wurde vom Verkäufer gefragt, ob ich auch eine passende Kosmetiktasche oder einen Mutterpass-Schutzumschlag dazu haben wolle, es sei noch ein Stoffrest übrig. Seitdem meide ich die Website wie der Teufel das Weihwasser.

Ich habe mit Frauenärzten gesprochen und verschiedene Praxen besucht. Je wohlhabender die Patientenklientel, desto feiner wird innerhalb der Praxis aufgeteilt. Es gibt Praxen, die für ankommende Paare extra Wartezimmer haben, damit die Männer sich nicht einer Horde Weiblichkeit ausgeliefert fühlen. In diesen Wartezimmern liegt dann auch die *Men's Health* aus, aber nicht die *auto motor und sport*, denn viele Männer müssen durch den Nachwuchs den Traum vom Porsche 911 Targa 4S gegen einen handlichen SUV tauschen, und Rennmaschinen auf Zeitungscovern könnten die Stimmung im Wartezimmer anspannen. Dagegen ist die Trennung von Privatpatienten und Kassenpatienten reiner Schabernack.

Passend dazu erfuhr ich von einem anderen Gynäkologen, der seine Laufbahn in einem Kiezkrankenhaus begonnen hat, dort habe Literatur über Abtreibung, Mutter-Kind-Heime und gesunde Ernährung in der Schwangerschaft im Wartesaal ausgelegen. Heute biete er in seiner Praxis im exklusiven Blankenese nicht einmal mehr Broschüren über Rückbildungsgymnastik an, weil die Frauen ohnehin sofort wieder ins Sportstudio liefen, sobald das Kind per Kaiserschnitt geschlüpft sei. Ebenso wenig goutiert würden kostenlose Volkshochschulkurse zur Babypflege. Hier, im Nobelviertel, könne er mühelos teure Seminare zur Schwangerschaftsgymnastik verkaufen und dabei außerdem Frauen anleiten, die vegan lebten und ihr Baby stillen wollten. Er meinte scherzhaft, eigentlich müsse er eher Faltblätter von guten Kinderpsychologen und Therapeuten mit dem Fachgebiet Wochenbettdepression auslegen. In seinem Wartezimmer nicht zu finden waren die Notrufnummern bei Gewalt gegen Frauen und Suizidgefahren. Dabei, so sagte er, wären sie im reichen Elbvorort genauso notwendig wie in jedem anderen Stadtteil auch – hier wollte es eben nur keine(r) wahrhaben oder sich öffentlich dazu bekennen. Auf dem Kiez hatten die Frauen sich wenigstens offen ärztliche Hilfe geholt, wenn der werdende Vater sie gegen den Bauch getreten hatte, weil sie keine Energie mehr für Schamgefühl hatten. Was ist nun besser?

Ich bin, was Wartezimmer angeht, mittlerweile gelassener geworden. Dem quäkenden Neugeborenen, den die Jungmutter mitgebracht hat, um ihn stolz dem Arzt zu präsentieren, gönne ich keinen Blick. Ich spare mir sämtliche Infobroschüren zu brisanten Themen, ebenso die Klatschzeitschriften mit den News von Promis, ihren Sprösslingen und dicken Bäuchen. Lieber stecke ich die Nase in mein Buch.

Mein Highlight im Wartezimmer sind übrigens Mütter, die schlafende Babys in Trageschalen bei sich haben und warum auch immer meinen, sie müssten jetzt das schlafende Baby aus dem Nest nehmen, weil es trinken/kacken/aufwachen muss, damit es später, wenn die BabyApp das fordert, trinken/kacken/schlafen kann. Das Baby schreit dann logischerweise, würde ich auch, wenn man mich inmitten eines mit Mamis besetzten Wartezimmers aus dem Schlaf reißt. Und natürlich darf man der Mami dann nicht den Rat geben, das Baby einfach wieder hinzulegen, wenn all ihre Versuche, es zum Trinken/Kacken/Schlafen zu bringen, nichts gefruchtet haben. Das kann man nicht beurteilen, man hat ja keine Kinder. Und dann wird einem die App erklärt, nicht, dass man danach gefragt hätte, aber da man ja offensichtlich keine Ahnung hat, muss man dankbar und aufmerksam zuhören. Es gibt ernsthaft Eltern, die eine miteinander synchronisierte App nutzen, in der sie Uhrzeit, Farbe, Form, Menge und Beschaffenheit des Windelinhaltes miteinander teilen. Ein synchronisiertes «Ich liebe dich, und es ist wundervoll, dass wir ein Baby haben» fände ich als Mamitrend viel großartiger.

## RATGEBER ALS BUCH UND AUF ZWEI BEINEN

Wenn du innerlich noch nicht bereit bist für ein Kind, dann kommt auch keins!»

Aha. Entschuldigt bitte, wenn ich das bezweifle. Es gibt Ratgeber und Ratgeber. Die einen sind zweibeinig und meistens unaufgefordert, es sei denn, sie stellen einem das Beraten in Rechnung. Die anderen sind analog, auf Papier gedruckt oder digital als E-Books erhältlich.

Menschliche Ratgeber unterhalten sich so lange mit einem über einen Kinderwunsch, bis sie keine Lust mehr auf das Gespräch haben und dann den alles abschließenden Ratschlag geben: Entspann dich mal, dann klappt das schon mit dem Klapperstorch, haha. Spätestens wenn dieser Satz kommt, sollte man als Kinderwunschfrau sofort das Gespräch in eine andere Richtung lenken, denn dann weiß ich, mein Gegenüber ist gelangweilt. Und das ist auch vollkommen in Ordnung. Ich bin ja auch irgendwann gelangweilt, wenn mir Eltern von der Trotzphase ihrer Kinder erzählen. Wenn ich keine Lust mehr auf das Thema habe, sage ich Sätze wie «Dann lass es doch einfach mal schreien». Das lässt Eltern innerlich sicher mit den Augen rollen, ebenso wie andersherum mich.

Frauen wie ich sind ein Segen für die Ratgeberindustrie. Wir glauben, dass sich das Problem allein durch den Kauf eines oder am besten aller Ratgeber zum Thema lösen lässt, und mögen sie auch noch so schlecht sein. Endlich kommt System in das Ganze, endlich sagt uns jemand, wie es geht! Laut den Ratgebern sollte man in bestimmten Mondphasen zum Friseur gehen, damit die Frau bis in die Haarspitzen bereit für die Empfängnis ist. Mein Lieblingsratgeber rät, bereits vor der Empfängnis liebevoll mit dem eigenen Bauch zu reden und durch Dammmassagen dem Körper psychisch und physisch zu signalisieren, er hätte jetzt bald eine neue Aufgabe. Das habe ich nie ernst genommen – und ich glaube auch nicht, dass ich meine Ansicht diesbezüglich noch ändere.

Der Kauf eines Buches erleichtert zwar das Gewissen (Bücher kaufen ist immer sinnvoll für die Kulturgesellschaft, ich weiß das, ich war Buchhändlerin), doch den Inhalt eines Ratgebers muss man sich trotzdem immer noch selbst erarbeiten, ich kann da aus dem Nähkästchen plaudern. So stand ich zunächst, als ich noch zumindest geistig guter Hoffnung war, stundenlang in der Buchhandlung und wälzte dicke Schwangerschaftslexika – ohne sie zu kaufen, denn das wäre ein schlechtes Omen. Nur nichts für die Schwangerschaft anschaffen, bevor das Testergebnis nicht eindeutig ist. Später kaufte ich dann Bücher über Familienplanung, anschließend ging es los mit Titeln, die sich der Schicksalsfrage widmeten: «Warum funktioniert es bei uns bloß nicht?» Darauf folgte der ganze gedruckte Rattenschwanz der Verzweiflung.

Frau sollte übrigens daran denken, dass so ein Bücherkauf ziemlich verräterisch sein kann. Ich erinnere mich an Stammkundinnen meiner eigenen Buchhandlung, die kaum ein Wort über Privates mit mir wechselten, über deren Lebensumstände ich aber dank ihrer Ratgeberkäufe bestens informiert war: *Jedes Kind kann schlafen lernen*, *Warum Männer nicht zuhören und Frauen schlecht einparken*, *Die Trotzphase ist kein Ponyhof* und schließlich *Glückliche Scheidungskinder* – vier Buchtitel, die einen ganzen Lebensabschnitt umrissen. Es empfiehlt sich daher, immer mal wieder konspirativ die Buchhandlung zu wechseln, wenn man etwaigen interessierten Nachfragen vorbeugen will.

Aber nicht nur beim Bücherkauf sollte frau, wenn sie bislang erfolglos schwanger zu werden versucht, diskret zu Werke gehen, sondern auch bei der Auswahl derer, denen sie von ihrem Vorhaben erzählt. Sonst bekommt sie ganz schnell und unaufgefordert von wohlmeinenden Zeitgenossinnen genau die Ratgeber aufgedrängt, die sie todsicher nie lesen wollte: etwa über «entspanntes Empfangen» oder «achtsame Wege zum Wunschkind». Eine Kollegin, die sich selbst aus gesellschaftspolitischer Verantwortung gegen Kinder entschieden hatte (was sie gern und oft erwähnte), schenkte mir eine Fibel übers Atmen mit dem Sonnenchakra, außerdem ein Ausmalbuch zur Entspannung für Erwachsene. Nur, wenn auf dem Cover «Ausmalspaß für Erwachsene» steht, dann antizipiert das ja sofort, dass es auch einen Ausmalspaß für Kinder gibt. Also soll ich mich mit etwas ablenken, was eigentlich eine Kinderbeschäftigung ist, ja? Mich entspannen, indem ich Dinge tue, die ich als Kind getan habe? Wenn ich mich heute mit Kinderspielen beschäftige, um mir selbst zu beweisen, dass ich noch so viel Kind in mir habe, soll mir das sagen, ich sei noch nicht reif für ein Kind? Oder ich brauche kein Kind, weil ich ja selbst noch eines bin? Ich empfand das, obwohl es vielleicht nett gemeint war, als Zumutung. Zum einen brachte mich ihr Malbuch erst so richtig auf die Palme, von der es mich – entspannend, wie es gedacht war – eigentlich herunterholen sollte. Und zum anderen brauchte ich Verständnis und keinen Esotrip. Ich bin einfach nicht fürs Spirituelle empfänglich, und dieser Achtsamkeitswahn, dem wir alle im Moment offenbar verfallen, ist zwar interessant, aber ich bin noch zu unruhig dafür. Wenn ich aber einen Ratgeber lese, der mir erklärt, ich könne mit achtsamer Beobachtung meiner inneren Organe die Gebärmutter aktivieren und für die Spermien einen gedeckten Tisch bereiten, dann fehlt mir dazu vermutlich die nötige Phantasie. Natürlich kann der Glaube Berge versetzen, und es soll ja auch helfen, mit Blumen zu reden – aber Letztere gehen bei mir immer ein, sollte mir das zu denken geben? Es gibt bestimmt auch einen Ratgeber, der einem beibringt, sich langsam, Schritt für Schritt, an eine Mutterschaft heranzutasten. Erst Kristalle züchten, dann Urzeitkrebse (gab es früher in der Yps), dann Kakteen, Hamster, Zimmerpflanzen und schließlich irgendwann ein Baby.

Mein erstes Haustier, ein Hamster namens Mohammed, hat exakt einen Tag lang gelebt. Heiligabend erhalten, am Weihnachtsmorgen beerdigt. Und ich glaube immer noch, dass der Hamster bereits tot war, als er unterm Weihnachtsbaum lag. Keiner meiner späteren Hamster hat sich so entspannt streicheln lassen. Wenn ich den Gedanken weiterverfolge, müsste ich aber meinen Eltern vorwerfen, sie hätten mir einen toten Hamster zu Weihnachten geschenkt, und das wäre unfair. Letzteres ist wiederum von Vorteil an der Kinderlosigkeit – es kann mir später niemand Vorwürfe machen.

Dann wären da noch die menschlichen Ratgeber, die in die Bresche springen, falls mal kein Buch zur Hand ist. Frauen, die selbst Kinder haben und einem partout sagen wollen, wie es funktioniert, biedern sich an, oder sie verfallen ins andere Extrem, rücken nach und nach von der unfreiwillig kinderlosen Frau ab, als hätte sie etwas Ansteckendes, denn es ist sicher für glückliche Mamis belastend, mit uns umzugehen. Entschlossene Nichtmütter, die in der ungewollt kinderlosen Frau eine neue Weggefährtin wittern und ihr die Vorzüge der Kinderlosigkeit schmackhaft machen wollen, rücken näher, umgarnen die unglückliche Frau, in der sie eine potenzielle Gefährtin sehen. Und die Familie wandert von Mitleid zu Teilnahmslosigkeit zu Zynismus zu Ungeduld. «Genieß es doch, dass du keine Kinder hast, die dir am Rockzipfel hängen, und komm mit zum Spinning/Brunchen/Museumsmarathon/Strickzirkel. So was können Mütter ja nie machen.»

Ja, liebe Leute, ich weiß es zu schätzen, dass ich haufenweise Zeit für mich habe, solange die Situation eben so ist, wie sie ist. Ich kann Sonntag um 3 Uhr morgens von Hamburg nach Essen fahren, um dort einen Marathon zu laufen, wenn mir gerade danach ist. Das ist zeitlicher Luxus. Aber erstens ist es ein Unterschied, ob man sich freiwillig für etwas entscheidet oder ob einem die Entscheidung abgenommen wird, vom Schicksal zum Beispiel. Ich für mein Teil wünsche mir die Erschöpfung, mit der eine Mutter abends ins Bett fällt, die mangelnde Zeit für eine Dusche, die Verzweiflung vor sich türmenden Wäschebergen und den Schmerz, wie ihn nur Legosteine hervorrufen können, wenn man barfuß im Dunkeln auf sie tritt. Ich genieße meine freie Zeiteinteilung. Doch ich bin nicht blind dafür, warum ich sie überhaupt habe. Das gilt auch für Handtaschen. Ich kann mich darüber freuen, Geld für die neueste It-Bag übrig zu haben (habe ich übrigens trotz Kinderlosigkeit nicht) – aber ich kann eine noch so teure Louis-Vuitton-Tasche nicht ins Bett bringen, ihr eine Gutenachtgeschichte vorlesen und später beim allerersten Liebeskummer tröstende Kekse backen.

Wie gesagt, anfangs war ich sehr offen für Ratgeber, sogar für die, die sich gegen das Muttersein aussprachen. Ich habe *No Kid* gelesen, ein Plädoyer für die Kinderlosigkeit, in dem eine französische Mutter öffentlich bereut, Nachwuchs in die Welt gesetzt zu haben (was ihre Kinder wohl dazu sagen?). Ich habe auch in *101 Gründe, keine Kinder zu kriegen* geblättert und mich in einschlägigen Internetforen informiert, in denen viele Gleichgesinnte zugange sind. Ich habe mir Ratschläge zu Herzen genommen, die mich ermahnten, meinen Kinderwunsch nicht zum allein selig machenden Zweck meiner Beziehung werden zu lassen. Ich habe einiges von dem, was ich las, in die Tat umgesetzt, anderes verworfen, denn Patentrezepte mag es beim Kochen oder Handwerken geben, aber nicht beim Kinderkriegen. Die Natur liest nicht. Sie macht ihr eigenes Ding und manchmal ihre eigenen Wunder.

Trotz aller Ratgeber bin ich bisher daran gescheitert, mich mit der Situation abzufinden. Das bedeutet nicht, dass ich unglücklich bin – ich fühle mich nur eben unvollständig und werde nicht das Gegenteil behaupten, nur damit es allen anderen dann besser geht. Ich werde die Bilderbücher aus meiner eigenen Kindheit weiter aufbewahren, für wen oder wann auch immer. Und manchmal, wenn es sein muss, werde ich eben traurig sein. Auch dafür gibt es Ratgeber. Der beste Ratgeber ist übrigens die Buchhandlung selbst – wenn man die Kinderecke links liegen lässt und einfach mal alle Romane und Krimis kauft, auf die man gerade Lust hat!

## SPORTLICH DEN KINDERWUNSCH UMLAUFEN

Neulich habe ich an einem Halbmarathon teilgenommen. Ich kann das, ich darf das auch, ich habe keine Kinder. Daher habe ich Zeit zum Trainieren, kann einen Sonntagvormittag mit 11 000 anderen Läufern auf einer eigens für uns gesperrten Laufstrecke verbringen, und außer mir selbst tue ich niemandem weh, wenn ich in der kommenden Woche ein wenig langsamer und jammervoller die Treppen hinuntergehe als sonst. Ich laufe prinzipiell sehr gerne, wenn auch ab und an mit genervtem Blick auf die engagierten Sportmamis, die zu dritt nebeneinander ihre Baby Jogger um die Hamburger Außenalster schubsen, damit man auch ja nicht überholen kann. Na gut, manchmal denke ich bei ihrem Anblick auch, dass ich gerne dabei wäre, gerne dieses Selbstverständnis der sportlichen Mami hätte, der man nicht ansieht, wie viel Nerven es sie gekostet hat, die Wickeltasche zu packen, das Baby in den Kinderwagen und den Kinderwagen an die Alster zu bugsieren. Mich nervt es ja schon, wenn ich vor der Laufrunde an Bluetooth-Kopfhörer, Handy, Taschentücher und Hausschlüssel denken muss.

Ich bewundere diese Mütter ebenso, wie ich sie aufdringlich und egozentrisch finde. Mit welcher Selbstverständlichkeit sie davon ausgehen, dass ihnen alle Platz machen! Sie laufen, und jeder Entgegenkommende sieht: Die haben es geschafft – sie sind Mütter und auch noch sportlich dabei.

Und sie haben vormittags Zeit zum Laufen, was heißt, dass sie sich die Elternzeit finanziell offenbar leisten können. Bei ihrem Anblick kocht manchmal die Wut in mir hoch und verleiht mir geradezu Flügel, bis ich die Frauen und ihre Kinderwagen weit hinter mir gelassen habe. Wenigstens schneller will ich sein, wenn ich sonst schon den Müttercontest so gänzlich gegen sie verliere. Vermutlich denken sie bei meinem Anblick: «Na, die muss es sich ja leisten können. Entweder sind ihre Kinder in der Schule – oder sie hat keine.»

Mein Umfeld hat begriffen, dass mir Sport wichtig ist. Und mitfühlend, wie es ist, wird es nicht müde, mich immer wieder darauf hinzuweisen, wie schön ein Leben ohne Kinder doch ist. Wenn ich etwa erzähle, dass ich zu meiner Schwester an den Bodensee reise, um dort einen Marathon zu laufen, dann höre ich: «Denk mal an deinen Sport! Das könntest du mit Kind nicht mehr machen!» Und ich sage dann wahlweise «Vielleicht *will* ich dann ja auch nicht mehr so viel Sport machen» oder «Doch, könnte ich». Denn siehe oben – die Mamis und die Baby Jogger.

Wer schwanger werden will, sollte gesund leben, um die Chancen für eine Empfängnis zu steigern – darauf können wir uns wohl alle einigen. Bewegung gehört natürlich auch dazu, doch wie weit diese geht, muss jede für sich selbst entscheiden. Nur ist es sicher kontraproduktiv, den Körper durch entbehrungsreiche Trainings und Strapazen zu schinden. Bei diesem Halbmarathon standen zahlreiche Bejubler am Rand. Zuschauer und Angehörige, die auf «ihre» Läufer warten, zum Anfeuern und begeistert sein. Kinder standen am Rand und streckten sehnsüchtig die Hände aus, damit fremde Läufer sie abklatschten. Und Kinder standen am

Rand mit «Go, Mama, go!»-Schildern. Offensichtlich können Mütter auch Halbmarathon laufen. Väter übrigens auch, aber das ist gesellschaftlich voll akzeptiert. Wenn ein Vater Halbmarathon läuft, ist das toll, wenn eine Mami Halbmarathon läuft, ist das ein «Wie schafft sie das bloß?!». Wenn eine Frau ohne Kinder Halbmarathon läuft, ist das okay, wenn eine Frau mit Kinderwunsch Halbmarathon läuft, ist es unvernünftig, weil sie ihrem Körper ja lauter Entbehrungen zumutet, kein Wunder, dass sie dann nicht schwanger wird. Wenn eine Frau ohne Kinder keinen Halbmarathon läuft, ist sie automatisch sportmuffelig, weil: sie könnte ja Sport machen, sie hat ja Zeit. Allerdings gibt es auch hier die berühmte Ausnahme von der Regel: mich. Als ich zum zweiten Mal schwanger wurde, lag mein letzter Marathon knapp zwei Wochen zurück, ich nahm dank ständiger Kopfschmerzen Aspirin und außerdem die Pille. Schwanger werden ging trotzdem. Ich blieb es nur wieder nicht.

Während einer Schwangerschaft muss man vielleicht keinen Halbmarathon laufen, aber gemäßigter Sport ist durchaus drin. Yoga, Gymnastik, Aqua-Jogging, Pilates. Ich frage mich, was Kickboxerinnen machen. Pause, vermutlich, denn ich habe noch nie eine schwangere Frau beim Kickboxen gesehen. Überhaupt müssen Kickboxerinnen sich vermutlich erstmal von ihrem grundsatzaggressiven Sport verabschieden, bevor sie an Kinder denken dürfen. Boxen heißt Gewalt, und Gewalt heißt «kann-keine-Kinder-erziehen». Schwangere Frauen und gerade entbundene Mütter dürfen nur ruhigen Sport machen. Vermutlich haben sie auch zu nichts anderem Lust, ich weiß es nicht, ich bin ja keine Mutter. Nach der Entbindung geht das «ernsthafte» Training dann wieder los. Leider. Denn wann immer ich vormittags ins Fitnessstudio gehe, empfängt mich Kindergebrüll, dann wird nämlich während der Kurse Kinderbetreuung im Studio angeboten. Müttern und Kindern gehört der Vormittag im Fitnessstudio, und ich finde das auch ganz in Ordnung – abends und am Wochenende sind dafür wir anderen dran.

Wir, die nicht unseren Töchtern den Föhn halten, die nicht nach augenbrennfreiem Shampoo in der Tasche wühlen, die nicht kleine Köpfe davor schützen, sich an Spindtüren zu stoßen. Wir, die nicht gezielt einen Platz im Mutter-und-Kind-Bereich ansteuern, weil man das Baby da in den Laufstall legen kann, während man sich umzieht. Es gibt Tage, an denen ich gut damit zurechtkomme, Tage, an denen mich das Kindergewusel einfach nur nervt (ganz recht, auch wenn ich es selbst gern zu Hause hätte), und Tage, an denen ich beim Anblick der Mütter und ihrer Kleinen beim Sport wehmütig werde. Wir Frauen mit Kinderwunsch möchten auch gerne diskutieren, ob es die Gummibärchen erst nach dem Schwimmkurs gibt oder ob es sinnvoll ist, den Pulli verkehrt herum anzuziehen. Und manchmal würde ich gerne vormittags zum Yoga gehen, aber ich finde, das steht mir nicht zu. Wovon will ich mich denn erholen? Ich habe schließlich keine Kinder – vielleicht, weil ich zu viel Sport mache, vielleicht, weil ich zu wenig Sport mache. Und neulich, nach dem Halbmarathon, habe ich doch tatsächlich etwas völlig Verrücktes getan: Ich bin mit dem Mann meines Lebens Sushi essen gegangen und habe ein Glas Wein dazu getrunken. Wir fassen zusammen: zwei Stunden Laufen im Hochsommer unter Wettkampfbedingungen an einem Sonntagvormittag, danach roher Fisch und Alkohol. Kein Wunder, ich eigne mich nicht zur Mutter, so eine Freizeitgestaltung ist ja total verantwortungslos. Wäre ich jedoch Mutter zweier Kinder, dann würde man mir sagen: «Toll, dass du das machst und dich selbst nicht aufgibst, obwohl du jetzt Kinder hast. Es ist ja so wichtig, dass man auch etwas für sich tut.»

Nur mal so für mich: Dinge, die ich tue, weil sie mir Spaß machen, darf ich nicht tun, wenn ich schwanger werden will, dürfte sie aber tun, wenn ich Mutter bin! Und wenn ich Dinge, die ich tun will, nicht tue, bin ich selber schuld, denn ich könnte ja alles tun, was ich will, weil ich ja keine Kinder habe…

Einer meiner beiden Lieblingscousins hat eine ganz wundervolle Gattin, die beim ersten Kind auch im 6. Monat noch joggen ging. Dann hat sie ein bisschen geweint und gesagt, dass sie glaubt, das mit dem Joggen sei vorerst vorbei, es ginge nicht mehr so gut. Sie hat inzwischen das dritte kerngesunde Kind und macht mit allen dreien fröhliche Bergradtouren. Und ich glaube, ihre Kinder sind robuster als die so manch einer vorsichtigen Pilatesmami. Ich will weder das eine noch das andere kritisieren. Aber es müsste für Kinderwunschfrauen ebenso in Ordnung sein, Sport zu machen, als keinen Sport zu machen. Als Kinderwunschfrau muss ich mich aber beständig rechtfertigen, ob ich nun laufe oder nicht. Irgendjemand ist immer dagegen und weiß es besser. Natürlich denke ich manchmal darüber nach, dass ich meine Figur relativ unkompliziert halten kann, weil sie nicht durch eine Schwangerschaft verändert wird. Und dann tun mir die ganzen Frauen leid, die keine Kinder haben UND vielleicht ein bisschen Übergewicht. Die müssen sich bestimmt anhören, dass sie aufgrund ihres Übergewichtes nicht schwanger werden. Ein gefundenes Fressen für alle, die mich trösten wollen: «Schau dir deinen flachen Bauch an! Beneidenswert! Willst du den für eine Schwangerschaft wirklich aufgeben?» Sie meinen es gut, ich weiß, aber ich will eben nicht so bleiben, wie ich bin. Das kenne ich ja jetzt schon.

Manchmal klaue ich mir sogar ein bisschen Familiengefühl – und zwar bei den Kindern, die beim Halbmarathon an der Strecke stehen und jubeln. Wenn sich mir eine kleine Hand entgegenstreckt, klatsche ich sie skrupellos ab und hole mir Power für den nächsten Kilometer. Ich erzähle aber lieber niemandem davon, denn sonst geht beim Zuhörer sofort die Alarmanlage an: «Die Arme leidet so darunter, dass sie keine Kinder hat.» Wenn ich ein Mann wäre, würde das ganz anders ankommen, da bin ich mir sicher. Während ich in Sekundenschnelle in der Schublade «bemitleidenswert» verschwinde, würde ein Kerl, der sich so über fremde Kinder freuen kann, zum tollen Hecht mutieren.

Ja, ich gebe es zu: Als unfreiwillige Nichtmutter wird frau mit der Zeit mürbe und immer sensibler, was die Reaktionen des Umfeldes auf das eigene Ungemach angeht. Eigentlich können die anderen gar nichts mehr richtig machen, und eigentlich können sie gar nichts dafür. *Ich* bin doch das Problem – oder vielmehr die Tatsache, dass ich mir Kinder wünsche und keine kriege. Das ist, als würde ich die Aufnahmekriterien für einen exklusiven Sportclub erfüllen und dürfte trotzdem nicht rein. Manchmal möchte ich den Gedanken an Kinder aus meinem Kopf katapultieren, besonders wenn ich mich beim Sport verausgabe, aber es hilft nichts, die Nase wird immer wieder darauf gestoßen. Und warum? Weil Kinder zum Leben dazugehören. Sie gehören zum Sport und zum Nichtsport gleichermaßen. Und meine

Kinderwunschkrankheit gehört eben auch zu mir. Mal stärker, mal weniger stark. Wie jeder Halbmarathon mal besser, mal schlechter läuft. Das heißt wiederum nicht, dass ich nicht zu schätzen wüsste, was ich habe: einen fabelhaften Mann und einen wunderbaren Hund, die zu mir stehen durch dick und dünn und kinderlos. Ich kann das nämlich sehr wohl: traurig über das sein, was mir fehlt, und trotzdem große Freude empfinden über das, was ich habe. Der Kummer darüber, nicht Mutter zu sein, darf nicht mein ganzes Leben überschatten, und das tut er auch nicht – das habe ich mit der Zeit verstanden. Es ist ein Lernprozess, wie Halbmarathonlaufen. Man muss sich langsam herantasten und dann lernen, mit Lang- und Durststrecken umzugehen.

Nächstes Jahr werde ich mich jedenfalls unverdrossen wieder zum Halbmarathon anmelden. Bei den meisten größeren Stadtläufen gibt es eine zeitlich gestaffelte Startgeldfrist: Je früher man sich anmeldet, desto geringer fällt die Startgebühr aus. Und ich melde mich immer als eine der Ersten an – damit der finanzielle Verlust nicht so groß ist, sollte ich doch schwanger werden. Die Hoffnung stirbt nämlich ganz zuletzt.

# ALTERNATIVE ZUM EIGENEN KIND

Je länger ich erfolglos versuche, Mutter zu werden, desto intensiver beschäftige ich mich mit möglichen Alternativen. Klar, man muss in alle Richtungen denken, um herauszufinden, was man sich vorstellen kann für den Fall, dass medizinisch kein Spielraum mehr drin ist und alle Möglichkeiten, selbst ein Kind zu bekommen, ausgeschöpft sind. Natürlich drängt sich da der Gedanke an Adoption auf. Doch leichter gedacht als getan. Denn in Deutschland muss man sich erst durch einen veritablen Adoptionsdschungel kämpfen, bevor man sein angenommenes Kind in die Arme schließen darf.

Zunächst einmal gibt es verschiedene Stellen, die Adoptionen vermitteln dürfen: die zuständigen Jugendämter, die zentralen Adoptionsvermittlungsstellen der Landesjugendämter sowie die anerkannten Adoptionsvermittlungen freier Träger. Hinzu kommen noch Organisationen, die Adoptionen aus dem Ausland vermitteln. Bewirbt sich ein Ehepaar, so müssen beide Ehepartner gemeinschaftlich der Adoption zustimmen. Unverheiratete Paare dürfen nicht gemeinsam ein Kind annehmen, hier kann nur einer der Partner adoptieren. Ebenso ist die Adoption auch Alleinstehenden gestattet.

Vorzulegen sind jeweils ein Führungszeugnis vom Bundesamt für Justiz (adoptionsrelevant sind allerdings lediglich Sexual- und Körperverletzungsdelikte) und ein Gesundheitszeugnis, außerdem muss die psychologische Eignung sowie ein kindgerechtes Umfeld nachgewiesen werden. Das Mindestalter für eine Adoption beträgt 25 Jahre, und wenn ein Ehepaar adoptiert, darf der zweite Partner nicht jünger als 21 Jahre alt sein. Der maximale Altersunterschied zwischen Kind und Adoptionseltern sollte wiederum nicht mehr als vierzig Jahre betragen.

Das ist natürlich eine ganze Menge Holz, und es verwundert nicht, dass sich so ein Adoptionsverfahren in die Länge ziehen und, wenn das Kind nicht bereits als Pflegekind in der Familie lebt, zwei bis drei Jahre dauern kann. Aber schließlich geht es hier ja um die Zukunft eines kleinen Menschen, da muss man schon gut hinschauen, wem man ihn anvertraut. Revisionsbedürftig finde ich persönlich allerdings – gerade im Zeitalter der immer älter werdenden späten Mütter – die starre Begrenzung auf einen Altersunterschied von vierzig Jahren. Es gibt genügend Frauen über vierzig, die Karriere gemacht haben und bei denen es dann, als in ihrem Leben Platz für ein Kind war, mit dem Schwangerwerden nicht mehr geklappt hat und die vielleicht sogar durch traurige Totgeburten oder frühen Kindstod ein fertig eingerichtetes Kinderzimmer im Haus haben. Ein Zimmer, welches für ein kleines Leben gedacht und gemacht ist. Ein Baby dürfen sie allerdings nicht mehr adoptieren. Ich weiß wirklich nicht, warum da nicht über Einzelfallentscheidungen schneller Abhilfe geschaffen wird. Falls ich doch noch mal schwanger werden sollte, und mir würde ein Arzt im 7. Monat, nachdem ich mich bereits bestens auf das Kind vorbereitet habe, erzählen, dass mein Baby seine ersten drei Lebenstage wegen eines schweren Herzfehlers oder

Ähnlichem nicht überleben wird – wäre ich dann nicht die richtige Frau, einen Säugling zu adoptieren, den ich ja sogar noch stillen könnte?

Adoption ist ein Weg, den auch ich mir eine Zeitlang vorstellen konnte. Allerdings sehen das nicht alle Frauen in meiner Lage so, auch wenn sie theoretisch die Voraussetzungen erfüllen würden. Und ich finde, das ist ihr gutes Recht – nur weil man sich ein eigenes Kind wünscht, muss man nicht zwangsläufig ein fremdes annehmen wollen, auch wenn das alle Welt anders sieht. Die öffentliche Meinung sagt: «Wenn du wirklich ein Kind aufziehen willst, dann ist es doch egal, wo es geschlüpft ist. Denk doch nur an die vielen armen Waisen. Damit tust du dann auch noch ein gutes Werk.»

Mein Bruder und seine Frau waren vor einigen Jahren in derselben Lage wie ich heute. Aber damals schlossen sie – nicht wissend, ob sie jemals ein eigenes Kind haben würden – eine Adoption für sich aus. Sie wüssten nicht, sagten sie, welche gesundheitlichen Dispositionen und schädlichen Prägungen das Kind einer fremden Mutter mitbringe. Und ich konnte das nachvollziehen – mal ganz abgesehen davon, dass diese Entscheidung zu jenen gehört, die jeder Mensch bzw. jedes Paar für sich ganz allein treffen muss. Adoptionen können wunderbar gelingen, und die Herkunft oder Vorgeschichte des Kindes *muss* auch keine Rolle für seine Entwicklung spielen – sie *kann* dies aber tun. Daher sollte niemand es verurteilen, wenn ein Paar diesen Weg nicht gehen möchte.

Ich wäre mit offenen Armen den Adoptionsweg gegangen, doch nun, da ich den passenden Mann dazu habe, ist es zu spät. Ich, wir, sind vor dem Gesetz zu alt dafür.

Übrigens antworte ich all jenen, die mir vorwerfen, dass

ich einen blaublütigen Rassehund habe: «Aber du hast doch auch eigene Kinder bekommen und keine syrischen Waisen adoptiert! Denk doch mal *daran*, bevor du mir vorwirfst, dass ich keinen rumänischen Straßenhund gerettet habe!» Tatsächlich denke ich trotzdem ganz insgeheim, dass ein zielgerichteteres und weniger kompliziertes Adoptionsgesetz durchaus ein wünschenswerter Weg wäre, elternlosen Kindern ein Zuhause zu geben und weniger Portemonnaies der Kinderwunschklinikdirektoren zu füllen. Meine Meinung, aber was verstehe ich schon davon, ich bin ebenso wenig Mutter, wie ich Politikerin bin.

# ABTREIBUNG ODER: IRONIE DES SCHICKSALS

Ja, ich habe es getan.

Etwa einen Monat vor meinem 35. Geburtstag, im Spätsommer, trat der Ritter in mein Leben. Er trug mich vom ersten Augenblick an auf Händen. Unser erstes Date war ein Spaziergang an der Alster, den er in ein Picknick verwandelte, als er Sushi und Rosé-Champagner aus dem Rollkoffer zog. Nach einer langen Zeit der Traurigkeit ließ ich wieder Zuneigung in mein Leben, langsam, vorsichtig. Wir sahen uns nicht oft, ich pendelte und lebte während der Woche nicht in Hamburg, er war ebenfalls viel unterwegs. Doch wenn wir uns trafen, dann vertiefte sich rasend schnell die Nähe zwischen uns. Wir waren wie alle frisch Verliebten: viel im Bett und viel unterwegs. Wir vergaßen die Zeit und die Vernunft und konnten die Hände nicht voneinander lassen. Nach acht Wochen übernachteten wir wie selbstverständlich in der Wohnung des anderen, mittlerweile schliefen wir dann sogar. Ich nenne ihn meinen Ritter, weil er mir gegenüber stets alle ritterlichen Tugenden zeigt und ich erleben darf, wie verlässlich er mir zur Seite steht. Für dieses Glück bin ich jeden Tag dankbar.

Dann fingen die Schlafstörungen an. Zuerst erklärte ich sie mir noch mit dem fremden Bett, der fremden Wohnung, wenn wir bei ihm übernachteten. Doch auch in meinem

Zimmer in Hannover, wo ich ein Seminar besuchte, schlief ich nicht mehr gut. Vor einem halben Jahr noch hätte ich diese innere Unruhe auf die ganzen Aufregungen und Veränderungen in meinem Beruf geschoben – ich hatte seit ein paar Monaten eine Festanstellung bei der Bundeswehr angetreten, um mehr Sicherheit und Ordnung in mein Leben zu bringen. Doch mittlerweile hatte ich mich in diesem System ganz gut eingelebt. Vielleicht lag es an der Pendelei? Jeden Montagmorgen fuhr ich los, am Freitagnachmittag zurück. Wenn der fabelhafte Ritter in Hamburg war, kehrte ich auch mal unter der Woche heim – was tut man nicht alles … Doch der Lehrgang langweilte mich entsetzlich, ich wurde immer unruhiger, schlief immer weniger, füllte meine freie Zeit in Hannover mit Lauftraining und noch mehr Lauftraining. Wenige Tage vor meinem Geburtstag lief ich einen Marathon – Sport war neben der Arbeit und dem Lernen schließlich mein einziger Zeitvertreib gewesen, bis der Ritter mich erobert hatte. Zum Essen mit Genuss und Muße kam ich oft nur am Wochenende, mit dem Ritter schlemmte ich mich durch die Hamburger Restaurants und erklärte Omelette im Bett zur Delikatesse. Das Essen in der Hannoveraner Seminarkantine mied ich, allein der Geruch hinderte mich schon am Betreten des Gebäudes.

Ich fand innerlich keine Ruhe. Immer öfter wachte ich nachts schweißgebadet auf – und zwar buchstäblich. Jeden Morgen stieg ich müder aus dem Bett. Gegen meine Kopfschmerzen halfen auch Unmengen Aspirin nicht, und meine Seminarkollegen fingen an, mir Schokoriegel auf den Tisch zu legen, weil sie mich blass und abgemagert fanden. Mein Kreislauf fuhr Achterbahn, mit Mühe und Not konnte ich die Unterrichtseinheiten überstehen – für aktive Mitarbeit fehlte mir jegliche Konzentration. An den Wochenenden beschwor ich den Ritter, nur ja nicht zu glauben, ich sei immer tagsüber so abgeschlagen und nachts ein Durchlauferhitzer auf zwei Beinen. Natürlich war es mir peinlich, am Anfang einer Liaison, in der man das Wort «Beziehung» noch nicht einmal zu denken wagte, jede Nacht triefnass aufzuwachen und duschen gehen zu müssen, während der Ritter ein ums andere Mal die Laken wechselte.

Und es wurde nicht besser, eher schlimmer. Bis der neue, fabelhafte Mann an meiner Seite mir an einem Wochenende den Dickkopf wusch: Sein Argument war, dass ich mich selbst betrog, wenn ich wegen meiner anhaltenden Kreislauf- und Konzentrationsschwäche die Seminarklausuren schlechter bestand, als ich es eigentlich könnte. Also beschloss ich eines Montagmorgens, in Hamburg zu bleiben und eine Ärztin aufzusuchen. Vielleicht fehlte mir ja nur irgendein Vitamin, und dann könnte ich wieder schlafen, und alles wäre gut.

Die Ärztin hatte lustige, intelligente, wache Augen, ich mochte sie sofort. Sie hörte sich meine Schilderungen an und unterbrach mich erst, als ich mich wiederholt dafür entschuldigte, überhaupt in ihrer Praxis zu sitzen, denn eigentlich sei ich ja nicht wirklich krank.

«Sind Sie vielleicht schwanger?»

«Nein, vollkommen ausgeschlossen. Ich nehme die Pille, außerdem … nein, das kann nicht sein.» Schwangerschaft wäre mir als Letztes in den Sinn gekommen. Die Ärztin fragte nicht weiter nach, notierte sich nur etwas und bat mich, am nächsten Morgen zur Blutentnahme wiederzukommen. Ich zögerte, denn eigentlich wollte ich dann schon längst wieder in Hannover sein.

«Ich schreibe Sie jetzt erst einmal bis Mittwoch krank. Morgen gegen Abend haben wir schon die Blutergebnisse, und dann können Sie ja spätestens am Donnerstag wieder auf das Seminar.»

Die Praxis verließ ich mit einem Gefühl der Erleichterung: ein ganzer freier Tag, mitten unter der Woche, einfach so! Zuerst dachte ich, ich könnte mich hinlegen, vielleicht ein wenig Schlaf nachholen, aber mir fehlte die Ruhe dafür. Ich streifte ziellos durch die Stadt und landete schließlich vor dem Schaufenster eines ebenso hinreißenden wie teuren Umstandsmodeladens. Mir fiel die Frage nach der Schwangerschaft ein. Schön wär's ja, aber nicht zu diesem Zeitpunkt. Ich versuchte doch gerade, meine Karriere anzukurbeln und mir eine Beziehung aufzubauen, die womöglich von Dauer war. Außerdem: schwanger, quasi aus dem Nichts, wie irre war das denn! Gefühlte Ewigkeiten hatte ich mir Kinder gewünscht und meine fruchtbaren Tage berechnet, und doch war nach jener Fehlgeburt, durch die ich erst von meiner Schwangerschaft erfahren hatte, nichts mehr passiert. Und jetzt hatte ich schon mindestens ein Jahr ohne Ovulationstests und Frühtestkäufe verbracht – Schwangerschaft stand zwar nach wie vor ganz oben auf meiner privaten Agenda, aber ich glaubte nicht mehr so recht daran.

Meine Schritte wurden langsamer. Wann hatte ich eigentlich zuletzt meine Periode gehabt? Trotz Pille variierte die Zykluslänge bei mir, und auf die hatte ich in letzter Zeit nicht mehr geachtet. Ich rechnete kurz nach, versuchte, mich zu erinnern. Ich zog meine Zyklus-App zu Rate und stellte fest: zwölf Tage überfällig, wenn ich den Pillenzyklus als Grundlage nahm. Zwölf Tage. Trotzdem war es nur eine vage Idee, ich fühlte mich keineswegs schwanger, dabei hätte ich doch irgendetwas merken müssen, dachte ich. Außerdem hatte ich die Pille kein einziges Mal vergessen, und dass meine Tage ausgeblieben waren, schrieb ich dem Seminar- und Pendelstress und meinem sonderbaren Krankheitsgefühl zu.

Eigenartig, dachte ich, noch vor einem Jahr wäre ich jetzt aufgeregt losgerannt, um einen Test zu kaufen – aber das war, bevor ich meinen neuen Job angetreten hatte und der Kinderwunsch in den Hintergrund getreten war, weil sich gerade so viel anderes in meinem Leben tat. Keine Zeit, keine Energie mehr für meine Kinderträume. Bis vor kurzem hätte es mir nicht passieren können, zwölf Tage überfällig zu sein, ohne einen Gedanken an Schwangerschaft zu verschwenden. Ich horchte in mich hinein, aber ich spürte nichts – nicht einmal den Impuls, mir Gewissheit zu verschaffen. Ich lobte mich innerlich dafür, dass ich nicht, wie früher so oft, auf die Hoffnung hereinfiel.

Den Abend verbrachte ich mit dem Ritter, glücklich über die durch die Krankschreibung geschenkten Stunden. Von der Frage der Ärztin erzählte ich ihm nichts, so abwegig schien mir der Gedanke. Dann kam die Nacht und mit ihr die Erschöpfung. Kaum dass ich lag, schlief ich ein, um wie immer in letzter Zeit nach neunzig Minuten verschwitzt wieder aufzuwachen. Nass, klamm, fröstelnd. Ich fühlte mich ausgezehrt und kraftlos, schleppte mich unter die Dusche, wickelte mir ein Handtuch um und fiel wieder ins Bett, hellwach und grenzenlos müde zugleich. In dieser Nacht, im Dunkeln, wenn ohnehin immer alles schlimmer aussieht als bei Tageslicht, ging ich in Gedanken verschiedene mögliche Ursachen für meine Entkräftung durch, die nichts mit einer Schwangerschaft zu tun hatten. Mir fiel ein, dass ja schon einmal der Verdacht auf Leukämie im Raum gestanden hatte, und ich verschwendete eine geschlagene Stunde mit dem Googeln nach Symptomen. Danach fühlte ich mich todkrank und vollkommen verwirrt. Zwei weitere Schlaf-Schwitz-Wach-Einheiten folgten, dann war die Nacht gnädigerweise vorbei.

Zerschlagen und ungeschminkt eilte ich in die Praxis. Als mir die Arzthelferin ein Röhrchen Blut nach dem anderen abnahm und mich sanft tadelte, dass ich offenbar zu wenig trinken würde, bat ich sie, zur Sicherheit einen Schwangerschaftstest zu machen – damit wenigstens diese Baustelle schon mal geschlossen werden konnte.

«Klar, natürlich, machen wir gleich im Anschluss», sagte sie mit jener unerschütterlichen Ruhe und Unvoreingenommenheit, die nur Menschen eigen ist, denen nichts Menschliches mehr fremd ist. Meine Hand zitterte ein wenig, als ich den Urinbecher auf das Tablett im Laborraum stellte und wieder ins Wartezimmer ging. Ich hatte keinen Blick für meine Umgebung, in meinem Kopf drehte sich das Gedankenkarussell. Ganz so ruhig und entspannt, wie ich mir hatte einreden wollen, war ich wohl doch nicht. Ich hatte Angst vor meiner Reaktion, wenn man mir wieder einmal sagen würde, dass ich nicht schwanger war: zum einen, weil es mir dem Praxispersonal gegenüber peinlich gewesen wäre, ganz unnötig um einen Test gebeten zu haben, zum anderen, weil ich nicht schon wieder in den Abgrund der Traurigkeit stürzen wollte. Ich war doch der vermaledeiten Hoffnungsspirale gerade entkommen!

Das Wartezimmer war groß, und es lag so am Gang, dass man nach links ins Labor gehen musste, nach rechts und gegenüber zu den Behandlungsräumen. Ich weiß nicht, wer sonst im Wartezimmer saß, einmal hob ich den Kopf und stellte fest, dass es nur Männer waren und ich mich, mit meinen gerade sehr mageren Knien und knochigen Händen, komplett deplatziert fühlte. Die kleine blonde, zerbrechliche Frau, voller Anspannung, der wippende linke Fuß, der keine Ruhe finden wollte. Ich lauschte auf den Gang hinaus und hörte, wie sich die Tür zum Labor öffnete. Die Arzthelferin, die mir Blut abgenommen hatte, ging an der offenen Wartezimmertür vorbei in den Behandlungsraum, in dem mich gestern die Ärztin empfangen hatte. Minuten später kehrte sie mit der Ärztin zusammen ins Labor zurück, doch die Tür hörte ich nicht wieder zufallen. Im Gegenteil, ich hörte, wie die Ärztin meinen Namen rief und mich zu kommen bat.

Ich stand auf und trat an die offene Labortür. Mein Blick fiel auf die Ärztin, die mich frohgemut anstrahlte.

«Nein!», entfuhr es mir.

«Und ich habe Sie noch extra gefragt!» rief sie zurück.

«Ich habe es doch gleich vermutet», lachte die Ärztin, die jetzt näher trat und mir die Hand auf den Arm legte. Ich hatte den Eindruck, sie wollte mich spontan umarmen, doch es reichte, dass wir beide diesen Gedanken spürten. «Wenn Sie möchten und einen Augenblick warten, können wir gleich noch einen Bauchultraschall machen und gucken, ob wir schon was sehen!»

«Ja, ja, natürlich!» Ich überlegte nicht, ob ich das überhaupt wollte oder nicht, ich war einfach froh, dass es etwas zu tun gab. Ich dachte nicht, und ich fühlte kaum etwas, wenn man mal von dem kleinen Freudenstrahl absah, der zaghaft in mir aufblitzte.

«Ist das denn eine gute Nachricht?», fragte mich die

Arzthelferin, als sie meinen Bauch für den Ultraschall vorbereitete. Ich nickte spontan. Danach sprachen mein Mund, mein Verstand das aus, was natürlich in meinem Kopf sein musste: «Na ja, ich bin erst ein paar Wochen mit meinem Freund zusammen, aber –» Ich brach ab.

Aber was? Aber das schien im Moment keine Rolle zu spielen. Ich war schwanger. Und damit plötzlich passiv und aktiv zugleich. Ich redete ein bisschen aufgeregt daher, dass ich ja eigentlich gar nicht damit gerechnet hatte und dass ich doch so wenig gegessen hatte in den Wochen zuvor, so viel Sport, wie hatte der Körper das denn überhaupt organisieren können? Die Ärztin, die inzwischen übernommen hatte, sah mich an und sagte: «Sie müssen jetzt nichts entscheiden. Ein bisschen Zeit für die Alternative bleibt Ihnen noch.»

«Diese Alternative gibt es für mich nicht», erwiderte ich wie aus der Pistole geschossen. Ich war wie in Trance, fühlte mich seltsam und unwirklich. Man sah im Ultraschall, dass ich schwanger war, mehr Information blieb bei mir nicht hängen. Die beiden Frauen freuten sich ehrlich mit mir, ich hatte das Gefühl, dass wir Verbündete waren. Als ich die Praxis verließ, gab es nur noch mich und diese frohe Botschaft und den Nebel der Emotionen, der mich einhüllte.

Ich eilte zu meinem Auto; es war kalt draußen, aber mir war ganz warm. Was nun? Ich musste es meinem Freund sagen. Kurz erwog ich, zuerst zu meiner Mutter zu fahren oder meine beste Freundin anzurufen, denn ich wusste, dass er heute viel arbeiten musste. Doch diese Nachricht war vor allem seine und meine. Außerdem wollte ich die Neuigkeit eigentlich auch mit niemand anderem teilen. Zu oft schon hatte ich mich vergebens gefreut. Zu oft hatte ich erlebt, wie sich im letzten Moment noch, als alle anderen mich schon für meine Zurückhaltung rügten, eine Tatsache ins Gegenteil verkehrt hatte. Wenn ich eine neue Wohnung suchte oder einen neuen Job, wagte ich Jubel immer erst dann, wenn der Miet- oder Arbeitsvertrag unterzeichnet vor mir lag.

Mir schwirrte der Kopf: Ich war schwanger und meine Wohnung zu klein. Würde ich das Seminar abbrechen müssen – und überhaupt: Was würde aus meinem Ritter und mir werden? Ich hatte bereits bemerkt, dass ich ihn sehr mochte und dass er mich anscheinend wirklich gernhatte. Aber ein Kind? Ich kannte ihn doch kaum. Ich rief ihn kurzerhand an und fragte, ob ich vorbeikommen könnte. «Was hat der Arzt gesagt?», fragte er zurück, und ich hörte seiner Stimme an, dass er bereits mit dem Kopf in seiner Arbeit war.

«Das sage ich dir gleich, okay? Ich will dich nicht lange stören, nur kurz noch mal sehen.» (Das war die Untertreibung des Jahrhunderts.)

Auf dem Weg zu ihm war ich dankbar für jede rote Ampel, die mir Aufschub gewährte. Dann tat ich das, womit ich meistens durchs Leben gehe: Ich entschied mich für die Flucht nach vorn. Wenn er sich wegen dieser Schwangerschaft von mir trennen sollte, dachte ich, dann würde ich es auch allein schaffen. Ich würde auch den Worst Case überstehen. Blick niemals zurück, alles wird sich finden, dachte ich, und ich bemerkte, dass ich die linke Hand auf den Bauch gelegt hatte. «Hallo, Baby», sagte ich. «Schön, dass du da bist.»

Ich hatte schon Dutzende YouTube-Videos gesehen, in denen Frauen ihren Partnern die frohe Botschaft von der Schwangerschaft überbracht hatten. Oft hatte ich mir ausgemalt, wie ich das selbst tun würde. Doch nun gab es da einen noch nicht so richtig festen Freund, den ich nicht gut genug kannte, um zu erahnen, wie er reagieren würde. Und mich selbst kannte ich offenbar auch nicht gut genug, um mir Sicherheit und ein planvolles Vorgehen zu geben. Es gab da jetzt keinen besonderen Moment, keinen Gesprächseinstieg. Wie auch? Schatz, wir müssen reden?

Als ich die Wohnung betrat, stand der fabelhafte Ritter im Badezimmer und rasierte sich. So eine alltägliche, normale Situation, die ich jetzt aus ihren Fugen reißen würde. Ich konnte nicht warten. Warten liegt mir nicht. «Was ist denn los?», fragte er, und ich hörte ihm an, dass er eigentlich keine Zeit für mich hatte. Aber ich war mir sicher, dass ich gerade die wichtigeren Nachrichten hatte und er sich die Zeit dafür würde nehmen müssen.

«Ich bin schwanger», sagte ich. Diese drei Worte waren so schnell ausgesprochen, und doch schien es mir, als hätte ich noch nie etwas Wichtigeres gesagt.

Er hielt mitten in der Bewegung inne, und einen Moment lang loderte in mir die Angst auf, er würde sich vor Schreck schneiden. Tat er aber nicht. Er sagte nichts. Er guckte nur ernst, so ernst, wie man das mit Rasierschaum im Gesicht eben tun kann, klopfte den Rasierer am Waschbecken aus, hielt ihn unter den Wasserstrahl, wischte mit der Hand Bartstoppeln aus dem Becken in Richtung Abfluss und trocknete dann mit einem Handtuch Hände und Gesicht ab – nicht fertig rasiert, aber mit einer Miene, die solchen Nebensächlichkeiten keine Beachtung schenkte. Ich beobachtete ihn. Wartete auf eine Reaktion. Es kam keine. Er sah mich nicht an, ging ins Schlafzimmer, setzte sich aufs Bett und dachte so offensichtlich nach, dass ich lieber keinen Laut von mir gab, um ihn nicht zu stören. Ich setzte mich unaufgefordert zu ihm, mit genug Distanz, um die Nähe zwischen uns nicht zu belasten. Dann, nachdem er ein paar Minuten gegrübelt hatte, hob er den Kopf, sah mich an und sagte mit seiner vertrauten, festen Stimme: «Und was machen wir jetzt?»

Ich hörte seine Worte und wusste, dass dieser Mann, was immer nun auch weiter passieren würde, großartig war. Was machen «wir» jetzt. Wir. Nicht du. Sondern wir. *Ich* war zwar schwanger, aber diese Nachricht betraf uns *beide*. Er hätte, wie es so viele Männer tun, den Ball zurückspielen können. Aber er setzte sich von Anfang an mit unserer gemeinsamen Verantwortung auseinander. Ein Ritter eben.

«Ich weiß es nicht», antwortete ich. «Ich habe absolut nicht damit gerechnet!»

«Wie kann das denn überhaupt sein?»

«Keine Ahnung. Ich verstehe es auch nicht, vor allem nicht, weil ich mich in den letzten Monaten so schlecht ernährt habe.»

«Und was sagst du dazu?», wollte er wissen.

Ich dachte einen Moment lang nach und beschloss dann, dass es nicht an der Zeit war für großartig klingende Antworten, nur damit er eine hohe Meinung von mir hatte. Ich war schwanger. Jetzt war es nicht wichtig, mich perfekt zu verhalten, sondern ehrlich zu sein.

«Ich weiß nicht genau. Ich bin total überfordert. Aber ich freue mich, glaube ich.»

Nach einer Weile wechselten wir vom Bett an den heimeligen, 200 Jahre alten Esstisch, der Beständigkeit und Sicherheit ausstrahlte und das schönste Möbel der ganzen Wohnung war. Wir gingen alles durch, besonders die nächsten Schritte. Ich wollte am Nachmittag zum Frauenarzt und es mir noch einmal bestätigen lassen, auch weil ich nicht wusste, wie es jetzt weitergehen würde. Ausgerechnet ich, die ich schon so oft von dieser Situation geträumt hatte, war verunsichert. Umso mehr hielten wir uns an den Fakten fest, denn für Emotionen war es zu früh. Ein jubelndes Sich-um-den-Hals-Fallen konnte es in unserer Situation nicht geben.

Es war weder sein noch mein Lebensentwurf, ungeplant und außerhalb einer gefestigten Beziehung ein Kind zu bekommen. Doch das spielte hier und jetzt eine untergeordnete Rolle, darüber sprachen wir kaum. Wir versuchten nachzuvollziehen, wie es dazu hatte kommen können. Zwischendurch telefonierte ich Arztpraxen durch, um noch am selben Tag einen Termin zu erhalten, und der Ritter organisierte seine Arbeit so, dass er mich zum Arzt begleiten konnte. Das stand völlig außer Frage für ihn. Er fragte mich nicht einmal, ob er mitkommen sollte, er fragte nur «Wann?» und richtete sich dann darauf ein. Ich hätte ihn von mir aus niemals darum gebeten, denn ich war es nicht gewohnt, Dinge gemeinsam zu regeln.

Ich versuchte, unsere vergangenen Wochen zu rekapitulieren, um herauszufinden, warum die Pille versagt hatte. Ich wurde schnell fündig: Es war die Vorbereitung für den Marathon gewesen, der exzessive Sport, die ständige Diät. Ich hatte den Bogen überspannt, hatte Raubbau an meinem Körper betrieben. Der Ritter dachte gerade laut über die aktuelle Faktenlage nach, Job, Wohnung, Finanzen, Lebensumstände. Ich unterbrach ihn, ohne auf seinen Wortlaut zu achten: «Diese Mangelernährung! Oh Gott, das kann sich doch alles gar nicht richtig entwickeln!»

Der großartige Mann sah mich einen Moment lang verständnislos an. Dann dämmerte ihm, dass noch ganz andere

Schwierigkeiten auftreten konnten. Ich war schwanger geworden, weil mein Körper zu ausgezehrt war, um die Wirkstoffe der Pille resorbieren zu können. Ich habe Medizin studiert, wer, wenn nicht ich wüsste besser, wie elementar wichtig gerade die ersten Wochen für den Embryo sind. Ich habe gelernt, was passiert, wenn die embryonale Entwicklung gestört wird – den betreffenden Lehrveranstaltungen war ich aufmerksam und engagiert gefolgt, und nun standen mir all diese Fakten wieder glasklar vor Augen. Die Schließung des Neuralrohres. Das Einsetzen des Herzschlags. Die Ausbildung der Organe und Extremitäten. Fehlbildungen und Fehlgeburten kommen nicht nur durch Alkohol- oder Nikotinabusus in der Frühschwangerschaft zustande. Weit häufiger liegt ein Hormon- oder Proteinmangel bei der Mutter vor – eine winzige Abweichung von der Norm kann schon dafür sorgen, dass sich eine Schwangerschaftsvergiftung entwickelt oder der Fötus missgebildet heranreift oder dass schon die Einnistung selbst fehlschlägt, Zucker- oder Folsäurestoffwechsel der Mutter gestört ist und so die physische Verbindung zwischen Mutterleib und Kind nicht so verläuft, wie sie sollte.

Ich wusste wirklich nur zu gut, wie viel schiefgehen konnte. Diese Schwangerschaft selbst war bereits ein Wunder, aber woher sollten all die elementaren Bausteine kommen, die das Wunder jetzt brauchte oder schon gebraucht hatte, um sich zu entwickeln? Ich wusste augenblicklich mit schmerzhafter, alle Emotionen blockierender Sicherheit, dass hier, in meinem Körper, zu diesem Zeitpunkt kein gesundes Kind entstehen konnte.

Ich erklärte es meinem Ritter – ich musste ohnehin nicht viel sagen, er war bewandert genug in Biologie, um zu verstehen. Ich setzte hinzu: «Wenn es so sein sollte, dann muss ich schnell zum Arzt und alles erledigen, bevor ich anfange, mich zu freuen.»

Er sah mich an, und ich spürte, dass nun eine andere Last auf unseren Schultern lag. Wir sprachen nicht mehr, nahmen uns wortlos in den Arm, gaben uns Nähe. Als er sich fertig rasierte, stand ich im Bad und sah ihm zu. Dabei hatte ich das Gefühl, dass ich nie wieder von ihm getrennt sein wollte. Schon ein Aufenthalt im Nebenraum erschien mir unerträglich.

Als es Zeit wurde, zum Arzt zu fahren, hatte ich längst meinen inneren Autopiloten aktiviert, der immer dann die Steuerung übernimmt, wenn Angst und Traurigkeit zu groß sind, dass ich ihnen die Führung überlassen könnte. In der Praxis angekommen, mussten wir eine Weile warten. Wir saßen im gelben elektrischen Licht in einem Eppendorfer Altbauwartezimmer, Holzdielen, Garderobenständer, Spielecke für Kinder und ungezählte Babybilder an der Wand, die alle auf den Erfolg des Arztes hindeuteten. Und ich, ich drückte die Hand meines Verbündeten, er tippte mit einer Hand auf seinem Laptop und streichelte mir ab und an über den Handrücken, um mir zu signalisieren: «Wir schaffen das schon!» Mit dem Zellklumpen in meinem Bauch hielt ich keine Zwiesprache mehr.

Die Ärztin war groß, schön, schlank und vertrauenerweckend. Normalerweise hätte sie mich eingeschüchtert, perfekt, wie sie war, doch in meiner Wahrnehmung war kein Platz mehr für Empfindungen. Sie stellte nicht viele Fragen, sie ließ mich reden, ich erklärte meine Situation, meinen Konsum von Aspirin und anderen Schmerzmitteln, mein gestörtes Ess- und Schlafverhalten, meinen Sportwahn, und all das über Monate hinweg. Wir verloren keine Zeit, ich kletterte auf den Behandlungsstuhl, und der Ritter wich keinen Moment von meiner Seite.

«Kein Herzschlag», sagte die Ärztin, während sie meinen Bauch schallte. «Das wird so nichts werden, der Embryo ist nicht gesund angelegt. Vielleicht beruhigt Sie das ein wenig.»

Ich hatte es gewusst, und darüber hinaus wollte ich gar nicht mehr wissen. Ich holte noch eine zweite Meinung von einem anderen Arzt aus derselben Praxisgemeinschaft ein – auch er riet mir, die Schwangerschaft aus medizinischen Gründen zu beenden, bevor sie noch mir gefährlich werden könnte. Mein Verstand wusste, dass ich dieses Kind nicht bekommen konnte, weil es nie lebensfähig gewesen war. Ich wusste, dass ich die Notbremse ziehen musste, damit mein Körper keinen Schaden nahm, damit ich mir die Chance auf spätere Schwangerschaften erhielt. Dennoch ist bei dieser Entscheidung, die ich ja trotz aller ärztlichen Empfehlungen immer noch selbst treffen musste, ein Teil von mir mitgestorben.

Der Ritter sagte nicht viel, nur, dass er bei mir sei. Er blieb bei mir, als ich den Termin mit der gynäkologischen Tagesklinik vereinbarte, und er fühlte meinen Zorn mit, als die Arzthelferin sagte, die Kosten werde die Krankenkasse übernehmen, da der Schwangerschaftsabbruch ja medizinisch indiziert sei. Was interessierte mich das! Ich blickte auf die Wand voller Kinderbilder, wütend und leer in meinem Schmerz, den ich nicht fühlen durfte, weil er unvernünftig war. Ich war dabei, das Richtige zu tun. Es fühlte sich nur so falsch an.

Ein paar Tage später brachte mich mein fabelhafter Ritter in die Tagesklinik, deren Türen sich hinter mir schlossen, als wäre es ein Gefängnis. Angst flammte auf, aber sie galt mehr der Vollnarkose. Mein Freund musste zu einer Geschäftsreise, er konnte nicht bleiben und warten. Abholen würde mich meine beste Freundin – sie und nur sie hatte ich eingeweiht. Desgleichen bat mich mein Freund um mein Einverständnis, es seinem besten Freund erzählen zu dürfen, mit dem er seit der Grundschulzeit alles besprach. Ich selbst wollte so wenig wie möglich darüber reden müssen, keine Mitwisser in meinem Umfeld haben, kein Wort darüber verlieren. Ich brauchte die größtmögliche Distanz zu meinen Gefühlen. Natürlich hätte ich mit meiner Mutter sprechen können – doch sie hätte meinen Schmerz geteilt, und mehr als meine eigene Traurigkeit konnte ich jetzt nicht verkraften. Ich erzählte es ihr erst lange Zeit später.

Die Schwestern und Ärzte waren unheimlich nett zu mir. Ich fragte mich, ob sie es nur wegen des Vermerks in meiner Krankenakte waren, der ihnen verriet, dass ich nicht abtrieb, weil ich gerade keine Lust auf ein Kind hatte. Später, bei den Recherchen für dieses Buch, sprach ich mit mehreren von ihnen, und vor allem eine Aussage hat mich am meisten berührt: «Es ist uns egal, warum eine Frau eine Abtreibung durchführen lässt. Welche Gründe sie auch haben mag, medizinische wie persönliche, diese Entscheidung ist für niemanden leicht, und selbst wenn sie es leicht nimmt, wird es eines Tages schwer wiegen. Das Beste, was wir hier für eine Frau tun können, ist, ihr diesen Tag nicht durch gleichgültiges oder unfreundliches Verhalten zu erschweren.»

Auf dem OP-Tisch, bevor ich einschlief, spürte ich meinen Puls in jeder Ader meines Körpers pochen. Mein Hals war wie zugeschnürt. Später, als ich aufwachte, war ich nicht mehr schwanger. Ich hatte Schmerzen, und das vertraute Zittern und Weinen begann, mit dem mein Körper immer auf Vollnarkosen reagiert. Es beruhigte mich, auf diese Art und Weise zu spüren, dass ich am Leben war. Die Krankenschwester, die nach mir sah, fragte mich, ob ich trinken und essen wolle. Erst verneinte ich, aber dann kam mir ein Gedanke, bei dem mir die Tränen in die Augen schossen. Ich hatte dieses Kind verloren, weil ich Raubbau an meinem Körper betrieben hatte. Meine Essstörungen waren bis heute ausschließlich mein eigenes Problem gewesen. Nun waren sie das nicht mehr, nun musste ich die Verantwortung dafür übernehmen, dass ein Leben nicht hatte auf die Welt kommen können. Essen oder nicht essen war nicht länger meine Entscheidung. Ich war es meinem toten Kind schuldig, jetzt besser auf mich selbst zu achten.

Jener Tag ist inzwischen zwei Jahre her. Der Ritter und ich wohnen seither zusammen, mein Name steht auf dem Klingelschild, und unsere Laufschuhe teilen sich die Fußmatte vor der Tür. Wir haben einen entzückenden, sehr großen Hund und gemeinsame Träume. Die Wohnung ist eigentlich ein bisschen zu klein für uns, aber wir zögern den Umzug hinaus, da wir nicht wissen, ob wir bei der Wohnungssuche ein Kinderzimmer mit einplanen sollen oder nicht. Denn dann will man ja auch, dass sich das Zimmer mit Leben füllt und nicht der Not gehorchend irgendwann zu einem Bügel- oder Gästezimmer umfunktioniert wird. Am liebsten wäre es mir deshalb, wir hätten einen handfesten Grund für die Wohnungssuche: ein kleines Herz, das man im Ultraschall schlagen sieht.

# PANIK AUF DER *TITANIC*

«Frauen und Kinder zuerst!», lautete die Parole, mit der die Rettungsboote auf der *Titanic* freigegeben wurden. Merken Sie was? Frauen *und* Kinder, nicht Frauen *mit* Kindern. Damit waren also alle Frauen gemeint, die Mütter und Nichtmütter, alte und junge Frauen. Prinzipiell finde ich das den Männern gegenüber unfair, schließlich sind wir ja alle Menschen. Aber Frauen und Kinder hätten vermutlich gegen die Herren der Schöpfung nichts auszurichten gewusst, wenn die sich mit Brachialgewalt Zutritt zu den Booten verschafft hätten.

Das moderne Äquivalent zu den Schiffspassagen der *Titanic*-Zeit sind heute Kreuzfahrten – entweder massentourismustauglich auf riesigen, schwimmenden Inseln, die *Aida* oder irgendetwas mit *Princess* heißen, oder auf kleinen Segelschiffen, die meist einem gut situierten, erwachsenen Publikum vorbehalten und damit wie geschaffen für ungewollt kinderlose Frauen sind. Wie ich darauf komme? Wohlmeinende Mitmenschen hatten mir gesagt: «Lenk dich ein bisschen ab, mach mal Urlaub, damit du auf andere Gedanken kommst!» Ich weiß nicht, ob das der Königsweg ist, aber ich habe es also versucht. Ich wollte dort Urlaub machen, wo ich nicht mit kinderreichen Familien konfrontiert war. Ich wollte entspannen, aber auch jeden Tag etwas Neues sehen, das meine Sinne reizte und mir neue Impulse gab. Sport musste ich machen können, gesund und gut essen, und nach Möglichkeit wollte ich mir keine exotischen Krankheiten einfangen (mein Bruder hat sich während der Flitterwochen auf Bali mit Cholera infiziert).

Gesundes Essen bedeutet Fisch, Fisch bedeutet Meer, keine Exoten bedeutet Mittelmeer, Mittelmeer ohne viele Familien bedeutet Korsika, und Korsika bedeutet Kreuzfahrt drum herum. Der beste Mann von allen und ich wählten ein kleines, exklusives Segelschiff, das Platz für zwanzig Passagiere plus Crew bot, denn selbst Hand anlegen wollten wir mangels Segelerfahrung nicht. Der Plan war, gemütlich von Bucht zu Bucht um die Insel herumzuschippern, abends in malerischen Hafenstädtchen zu ankern, zu schwimmen, die örtliche Flora und Fauna zu bestaunen und beim Landgang ein wenig Trail Running zu machen. Das war kein Urlaub für Kinder unter zwölf, und so waren denn außer zwei wohlerzogenen, blitzgescheiten Teenagern alle Mitreisenden zwischen dreißig und sechzig. Mein Ritter und ich waren die einzigen Deutschen an Bord, und da unser Französisch seit dem Schulabschluss ziemlich eingestaubt war, gestaltete sich die Kommunikation eher zurückhaltend, was mir sehr recht war. Der Kapitän und die Köchin schienen Touristen prinzipiell nicht zu mögen, der Rest der Mannschaft aber war freundlich und das Wetter herrlich, und meine Seele atmete tief durch.

Ohnehin macht mich der Anblick von Meer spontan glücklich. Wenn ich dann noch darin schwimmen kann, leuchten meine Augen mit dem Blau von Himmel und Wasser um die Wette. Ich freute mich unbefangen und unbelastet auf die kommenden Wochen. Mir gefiel der schnittige Katamaran, unsere kuschelige kleine Kajüte, der Tresen mit der offenen Küche dahinter, das Essen an Deck. Meer, Meer, überall, nur unterbrochen von naturbelassenen Stränden. Korsika ist wundervoll!

An Bord gab es eine interessante Sitte: Um elf Uhr vormittags läutete die Köchin ein Glöckchen und rief: «Rum-Time!» Ja, und dann gab's wirklich Rum, Wein oder Mixgetränke. Rum mit Eis zum Beispiel. Nach wenigen Tagen waren alle Passagiere schon beim bloßen Klang der Glocke angebrütet – Pawlow ließ grüßen. Und hatte ich anfangs noch zugesehen und diesen Brauch boykottiert, so trank ich irgendwann zumindest Weinschorle. Es war Urlaub, ich wollte mich entspannen, und es war niemand da, der mir sagte, ich müsse mich wie die perfekte Mami verhalten, damit ich Mami werden könnte.

Der Törn entpuppte sich als absoluter Traumurlaub. Es gab frischen Fisch, Obst, Gemüse, unvergleichlichen korsischen Käse, wir hielten uns den ganzen Tag an der Sonne auf und produzierten Vitamin D am laufenden Band. Der wunderbarste aller Männer und ich waren glücklich und fröhlich und unbeschwert wie schon lange nicht mehr. Es gab keinen Laptop, kaum Handykontakt, nichts, worum wir uns hätten kümmern müssen. Ganz anders eines der mitreisenden Pärchen: Die beiden suchten jeden Abend das Deck nach dem besten Skype-Empfang ab und telefonierten mit den Kindern daheim. Das konnten sie jedoch nicht gemeinsam tun, da sich seine Kinder bei seiner Exfrau in Schweden aufhielten und ihre Kinder bei ihrem Exmann in Paris. Ohne Kinder hätten sie nicht jeden Abend ihre Telefone über das Deck Gassi führen müssen. Ich hatte den Eindruck, sie genossen die Zweisamkeit in ihrem kinderlosen Urlaub, aber die Anspannung des Alltags reiste mit ihnen mit.

Ich beneidete sie nicht darum und dachte, der Macht der Gewohnheit folgend, ein wenig auf ihrer Zukunft herum. Sonst hielt ich mich aber an das «Kinderlos-leben-genießen-Gebot» und fand Ruhe und Glück in immer mehr Ecken meiner Seele. Seelen haben ja auch Ecken. Eigentlich sind sie Labyrinthe, deren Wege wie die Treppen von Hogwarts ab und an die Richtung ändern. Ich bewegte mich auf dieser Kreuzfahrt mal in anderen Winkeln meines Seelenlabyrinthes und entdeckte Schleichwege und Gabelungen, die mir bisher verborgen geblieben waren. Denn ich stellte fest, dass mich doch noch eine ganze Menge mehr ausmachte als dieser Kinderwunschgedanke. Ich entdeckte, dass die Zukunft und das Leben für mich auch kinderlos erträumbar waren. Kurz gesagt: Ich tat, was mir alle geraten hatten, ich entspannte mich und kam auf andere Gedanken. Und dann war ein paar Tage lang der Kinderwunsch stumm gestellt. Er war nicht dabei, wenn ich vom Katamaran aus ins Meer tauchte. Wenn ich dem Horizont entgegenschwamm und dachte, dass ich alles erreichen konnte, was ich wollte. Ich fühlte mich frei, befreit von meinem selbst auferlegten Kinderzwang, und genoss die Zweisamkeit mit meinem Ritter, ohne dass uns irgendetwas voneinander ablenken konnte. Ich fühlte mich vollständig, sowohl mit mir allein als auch als Paar. So konnte es gerne weitergehen …

Doch jeder Seefahrer weiß, dass auf eine Flaute wieder Wind folgt. Ich ließ mich tagelang von den Wellen tragen – doch unvermittelt schlugen sie wieder über mir zusammen, drückten mich unter Wasser, nahmen mir die Sicherheit und bewiesen mir, wie wenig geerdet ich doch war. Gerade eben war ich noch vom Boot ins Meer gesprungen, mir der Bewunderung der anderen sicher, die über die Leiter ins

Wasser stiegen, weil sie den Sprung nicht wagten. Ich hatte mich sogar ein bisschen selbst dafür bewundert. Ich hatte das Wasser mit kräftigen Armzügen geteilt, mit den Beinen die Wand aus Wasser unter mir zurückgetreten, hatte Sicherheit und Freude gespürt, weil ich meinem Körper hier vertrauen durfte, weil ich schlank und sportlich war – keine Schwangerschaftsstreifen am Bauch, keine Pölsterchen rund um die Taille. Hier war er, der Lohn dafür, immer in Bewegung zu bleiben, mich nie auszuruhen, es mir nie bequem zu machen.

Mitten in diese Gedanken hinein schwammen ein paar kleine Störenfriede – Fische, die an meinen Zehen zupften. Fische? An meinen Füßen? Ich unterdrückte einen Schrei, machte hektische Bewegungen im Wasser. Plötzlich waren sie da, die Erinnerungen an meine eigene Kindheit, daran, wie viel Angst und Ekel ich vor Lebewesen im Wasser hatte. So viel Angst, dass ich mich als kleines Mädchen nicht traute, von der Luftmatratze aus ins Salzwasser zu fassen, um zurück zum Strand zu paddeln. Ich wurde weit abgetrieben, und mein großer Bruder musste mich schließlich mit seinem Surfboard davor retten, als winziger Punkt am Horizont zu verschwinden. Mich grauste damals so sehr vor allem, was im Wasser herumschwamm, dass ich ihm keine Gelegenheit geben wollte, mich zu berühren. Und gleichzeitig schämte ich mich meiner irrationalen Angst so, dass ich mich nicht traute, sie laut auszusprechen, damit sie mir jemand nehmen konnte. Ich wollte es nicht riskieren, dass meine Eltern mich nicht ernst nahmen oder sogar auslachten. Und so rief ich erst um Hilfe, als ich schon weit draußen trieb.

Nun, viele Jahre später, brachten die Fische an meinen

Füßen die Angst zurück und mit ihr die Hilflosigkeit jener Zeit. Weil ich sie damals nicht artikuliert hatte, hatte mich auch niemand in den Arm genommen und mir gezeigt, dass ich mich nicht fürchten musste. Keiner hatte mir die Fische auf spielerische Weise nahegebracht. Wie gern wollte ich es bei meinem eigenen Kind anders machen, mit ihm auf dem Arm im Wasser Mamafisch und Babyfisch betrachten, Flossen zählen, Scheu abbauen. Bei meinem eigenen Kind, das es nicht gab. Das es vielleicht nie geben würde. Und plötzlich, aus dem blauen Glück dieser entspannten Tage heraus, tauchte die Verzweiflung wieder auf, die Hoffnungslosigkeit, nahm mich in den Klammergriff und schnürte mir die Luft ab. Ich würde nie einem Kleinkind die Welt erklären oder zumindest zeigen dürfen, so gut ich es eben vermochte. Und ich würde mir nie von einem Teenager sagen lassen dürfen, was ich ihm oder ihr alles falsch erklärt oder was ich überhaupt alles falsch gemacht hatte. Ich würde kein Kind auf die Welt vorbereiten dürfen, würde keine Kinderhand spüren, die vertrauensvoll nach mir griff, wann immer sie es brauchte. Und niemals würden kleine Kinderhände unser Fotoalbum durchblättern und auf das Bild von Mama und Papa auf dem Boot vor der korsischen Küste zeigen, während ich die Unterschrift vorlas: «Der letzte Urlaub zu zweit».

An diesem Abend auf dem Boot war ich stiller als sonst. Ich brauchte meine Zeit zu verstehen, dass sich zwar die Symptome meiner Sehnsucht lindern ließen, die Diagnose aber bestehen blieb und die Ursache vielleicht nicht heilbar wäre. Die kinderfreie Kreuzfahrt mochte einen Moment lang Abhilfe und Abstand geschaffen haben, doch diese Sehnsucht nach einem Kind war eine Suchtkrankheit, wie allein das Wort schon bewies. Wer an einer Suchtkrankheit leidet, wird immer auf der Suche sein, man kommt nicht zur Ruhe, wie auch ich nicht, niemals.

Wie so oft trat ich die Flucht nach vorn an. Voran, voran, nur nicht zurück! Ich änderte meine Urlaubstaktik von «Besinnung auf mich selbst» zu «Anteilnahme am Leben anderer». Ich wich nicht mehr aus, wenn mir der pensionierte Finanzbeamte aus Andalusien die Bilder seiner Enkelkinder unter die Nase hielt. Und ich hörte zu, wenn der Papa mit der schwedischen Exfrau von der Geburt seiner Tochter erzählte. Ich lachte sogar mit ihm, als er meinte: «Klar, es ist toll, ein Kind zu bekommen. Aber ich war mir anfangs nicht sicher, ob ich das wirklich wollte. Es war jedenfalls nicht geplant. Und ich hatte Angst, was wohl wäre, wenn ich mein Kind zum ersten Mal sähe – und ich könnte es dann nicht lieben.»

So viel Ehrlichkeit tat mir gut. Ich hatte mich das auch schon gefragt und alle Eltern bedauert, denen es so ging. Vor kurzem hatte ich einen Bericht über eine autistische Mutter gelesen, die zugab, sie streichle ihr Kind nur, weil man das eben so mache. Dabei fühle sich das für sie nicht anders an, als ein Sofa zu berühren. Aber solche Dinge darf eine Mutter eigentlich nicht sagen, die Gesellschaft akzeptiert es nicht, dass bei uns Menschen vielleicht auch mal wie im Tierreich eine Mutter das eigene Junge ablehnt. Dennoch hatte ich bei der Lektüre des Berichts auch gedacht: Wieso hat diese Mutter ein Kind, obwohl sie es nicht lieben kann? Und ich bekomme keines, obwohl ich so viel Liebe zu geben hätte!

Doch ich wollte nicht zu weit schweifen in meinen Gedanken, denn je weiter der Gedankenradius, desto größer die Gefahr, sich in Traurigkeit zu verlieren. Ich unterhielt mich weiter mit dem schwedischen Ex-Ehemann. Ob er seine Befürchtungen anderen mitgeteilt habe, wollte ich wissen.

«Ja. Und alle haben gesagt: Sobald du dein Kind zum ersten Mal auf dem Arm hast, wird es für dich das schönste Kind der Welt sein», antwortete er.

«Und – war es so?»

Er sah mich einen Moment lang an, dann lachte er. «Honestly? No way. Sie war rot und klebrig und schrie aus Leibeskräften, aber ich sah sie an und dachte: Ich liebe dich trotzdem.»

Seinen Worten folgte ein Lachen, das auf mich befreiend wirkte. Eltern, die auch mal sagen, dass nicht alles bilderbuchperfekt läuft, lösen anderen manchen Knoten in der Brust.

Am nächsten Morgen sah ich mir unser «Kreuzfahrtschiff» ein wenig genauer an und gewann den Eindruck, dass die Passagiere es genossen, hier ohne Kinder auch mal wieder selbst mehr Kind und weniger Vorbild zu sein. Sie legten sich bei Seegang auf die Netze in der Mitte des Katamarans und jauchzten vergnügt, wenn sie von einem Wasserschwall getroffen wurden. Wären Kinder dabei gewesen, hätte man ihnen ständig sagen müssen, dass sie vorsichtig sein sollten; man hätte ein schlechtes Gewissen haben müssen, wenn man etwas sorglos tat, das andere ihren Kindern gerade abgewöhnen wollten. Diese kinderfreie Reise hatte tatsächlich weit mehr Freiheiten zu bieten als nur paradiesische Ruhe am Frühstückstisch.

Aber dann wurde der Katamaran für mich doch noch zu meiner persönlichen *Titanic*. Ich bekam Blutungen, mitten im Zyklus. Es war hellrotes Blut, und es war viel Blut. Zwei konträre Gedanken schossen mir durch den Kopf: «Nidationsblutung» und «Es hat mal wieder nicht geklappt». Für eine Einnistungsblutung, die eine Schwangerschaft angezeigt hätte, war es zu viel Blut. In den kommenden beiden Tagen versuchte ich, so normal wie möglich damit umzugehen – wenig im Internet zu recherchieren, das wir an Bord ja empfingen. Es gelang mir nicht. Ich las und hoffte. Und verbot mir zu hoffen. Ich erfuhr, dass eine so starke Blutung, die nicht von selbst aufhörte, ein Zeichen für eine Fehlgeburt sein konnte. Ich durchforstete das Netz weiter auf der Suche nach einem Gegenbeweis.

Dieses Auf und Ab konnte das Internet nicht lösen. Inzwischen blutete ich seit sechs Tagen, so langsam wurde es mir unheimlich. Das Schiff hatte angelegt, wir hatten es zu einem Landgang verlassen, und jetzt musste ich meinen Mann in mein Problem einweihen – denn im Urlaub heimlich mit der Frauenärztin zu telefonieren, war schwierig und brachte unnötiges Durcheinander ins Miteinander. Dabei brauchte er, der so viel arbeitete, diesen Urlaub so dringend! Und da sollte ich jetzt kommen mit meinen Sorgen? Ich wollte ihm den Urlaub nicht mit meinem Kinderwunsch oder mit gesundheitlichen Beschwerden verhageln. Andererseits konnte ich ihm schlecht verschweigen, warum ich gerade jetzt, da wir Zeit füreinander hatten, nicht mit ihm schlafen wollte. Manchmal nagte diese Angst an mir, dass ich ihm irgendwann zu anstrengend werden könnte mit all meinem Ballast, dem Kinderwunsch und sämtlichen Nöten, die damit verbunden waren. Aber wenn ich einen Schritt zurücktrat und meine Situation von außen betrachtete, wusste ich, dass es bisher immer ein Vorteil gewesen war, offen und ehrlich mit ihm zu sein. Ihm meine Ängste mitzuteilen.

Denn Schwierigkeiten verschwinden ja nicht, wenn man sie ignoriert und verheimlicht. Sie kommen nur umso geballter zurück, je länger sie im Geheimen vor sich hinwuchern können. Meistens konnte mir mein Ritter einen neuen Blick auf die Dinge vermitteln.

So war es auch jetzt, allerdings anders, als ich vermutet hatte. Als ich ihm gestand, dass ich seit acht Tagen unaufhörlich blutete und meine Ärztin sich per Fernkonsultation auch nicht sicher sei, was dahinterstecken könnte, kam er auf den nächstliegenden Gedanken von allen: «Ja, dann müssen wir zum Arzt fahren oder gleich ins Krankenhaus! Das Blut muss ja irgendwo herkommen. Wie fühlst du dich denn?»

Vor lauter Kreisen ums Kinderthema hatte ich nicht einen einzigen Gedanken daran verschwendet, dass so viel Blut ja eine Quelle haben musste und dass es dort nun fehlte. In meinen Überlegungen hatte es keine Rolle gespielt, dass mein Körper gerade Blut verlor und dass das kein gutes Zeichen war. Es war mir überhaupt nicht in den Sinn gekommen, eine andere Ursache zu suchen. Ja, ich fühlte mich ein wenig flau, hatte allerdings in meiner Fixierung gehofft, das wäre Schwangerschaftsübelkeit...

Ich telefonierte nun also noch einmal mit meiner Hausärztin, die großartig und immer für mich erreichbar ist. Wir vereinbarten, dass ich noch zwei Tage abwarten solle, sofern mein Kreislauf mitspiele. Falls dann die Blutung nicht abgeklungen sei, sollte ich ein korsisches Krankenhaus aufsuchen. Prompt, ab Tag zehn, blutete ich weniger und nach zwölf Tagen gar nicht mehr. Ich schämte mich für den Wirbel, den ich veranstaltet hatte, denn es schien ja nun alles wieder gut zu sein. Oder auch nicht gut – denn schwanger war ich ja nicht. Zurück in Hamburg, suchte ich meine Gynäkologin auf und ließ mir bestätigen, was ich eigentlich die ganze Zeit schon gewusst hatte, aber nicht hatte wahrhaben wollen: Es war eine Fehlgeburt in einem sehr frühen Stadium gewesen.

Wieder ein kleines Leben, das nicht bei mir hatte bleiben wollen.

## DANN HOL DIR DOCH EINEN HUND!

Als Kind sparte ich einmal sagenhafte 18 Monate lang auf einen Steiff-Löwen. 126 Deutsche Mark sollte er kosten. Als ich das Geld endlich, endlich beisammenhatte und den Laden an der Hand meines Vaters betrat, nahm ich den Löwen, der ebenso lange auf mich gewartet hatte wie ich auf ihn, aus dem Regal und marschierte glückselig zur Kasse. Es folgte eine herbe Ernüchterung: Der Preis war auf 178 Mark gestiegen. Ich war in Tränen aufgelöst. Mit dem Trost der Verkäuferin, dass ich mir von meinem Geld ja zwei kleinere Tiere kaufen könne, wusste ich nichts anzufangen. Gefühlt jedes Plüschtier, jedes Playmobilhaus hätte ich kaufen können, und doch wusste ich, dass ich nur Pascha haben wollte, zumal er für mich doch schon längst einen Namen hatte. Allen anderen Plüschtieren im Laden gegenüber hatte ich sogar ein schlechtes Gewissen, weil ich sie nicht wollte, weil ich sie nicht so lieben würde, wie ich meinen Löwen geliebt hätte. Kein Wunder, dass das darauffolgende Weihnachtsfest zum allerschönsten in meiner Kindheitserinnerung wurde – denn da lag Pascha plötzlich unter dem Christbaum.

Was ich damit deutlich machen möchte? Einen Herzenswunsch kann man nicht durch Alternativen ersetzen. Kompromisse kann man machen, wenn es darum geht, ob die neue Wohnung nun eine Badewanne haben soll oder eine

Dusche. Aber innige Wünsche, an denen unser Herz hängt, kann man nun mal nicht halbieren oder vierteln. Was nicht bedeuten soll, dass ich es in puncto Kinderwunsch nicht versucht hätte. Nach meiner ersten Fehlgeburt heiratete ich in Windeseile und schaffte mir einen Hund an, um meine urplötzlich entflammte Familiensehnsucht zu befriedigen. Der Hund damals war selbstverständlich ein geretteter Straßenhund aus Spanien, nicht mehr ganz jung allerdings und trotzdem voller Flausen im Kopf. Schade, dass ich ihn bei meiner Scheidung nicht mitnehmen konnte – aber den Umzug von Haus mit Garten in Wohnung ohne Balkon wollte ich ihm nicht antun.

Doch mit der Hundeidee lag ich offenbar voll im Trend dessen, was man als ungewollt kinderlose Frau zu tun hatte. Die Empfehlung, sich einen Hund zuzulegen, ist nämlich einer der häufigsten Ratschläge, die frau so zu hören bekommt, wenn es mit dem Kinderkriegen nicht klappt. Andersherum kann man als kinderlose Frau jenseits der 35 keinen Hund haben, ohne dass jemand sagt: «Ach, als Kinderersatz? Na, das ist ja auch vollkommen in Ordnung.» Will in Wahrheit heißen: «Hui, die Arme, aber was soll sie auch machen!»

Niemand scheint ernsthaft in Erwägung zu ziehen, dass man sich bewusst für einen Hund entschieden hat, weil man eben Hunde mag. Vielleicht möchte man einfach keine Kinder haben oder kann sie nicht haben, oder der passende Partner fehlt – was auch immer. Aber das hat gar nichts damit zu tun. Es sagt wirklich nicht zwingend etwas über den Kinderwunsch aus, wenn man als kinderloser Mensch einen Hund hat.

Allerdings weiß niemand, was das Unterbewusstsein so treibt. Ich kann also nicht mit absoluter Gewissheit ausschließen, dass ich meinen Hund nur um seiner selbst willen angeschafft habe, und ich kann ebenso wenig sagen, ob ich auch einen hätte, wenn ich Mutter wäre. Was ich aber sehr wohl weiß, ist, dass diese Hund-Kind-Verknüpfung jeden, wirklich jeden Betroffenen auf die Palme bringt: diejenigen, die einfach keine Kinder haben möchten, aber Hunde mögen. Diejenigen, die sich einen Hund anschaffen, weil sie keine Kinder haben können. Diejenigen, die Hunde halten, weil sie Hunde halten wollen, unabhängig vom Kinderwunsch. Und auch die Eltern, die ihre Kinder nicht pausenlos mit Vierbeinern in einen Topf geworfen sehen wollen. Aber seien wir ehrlich: Ein Hund ist ein Hund, und warum sich jemand dafür oder dagegen entscheidet, geht nur ihn etwas an – genauso wie die Entscheidung für oder gegen ein Kind.

Ich persönlich habe jedenfalls die Nase voll davon, mich immer dafür rechtfertigen zu müssen oder mitleidig ansehen zu lassen, dass ich einen Hund habe. Mein Hund ist ein gleichberechtigtes Mitglied meiner Kleinfamilie wie der beste Mann von allen und ich auch, basta. Ich kenne sogar Menschen, I&A, die leider keine Kinder bekommen konnten und trotzdem weder eine Katze noch einen Hund oder einen Nymphensittich haben. Dafür haben sie aber eine saubere und liebevoll anheimelnde stilvolle Wohnung. Und viel Herzenswärme. Ich kenne auch Menschen, die einen Hund haben, aber keine Kinder wollen. Das muss von der Frau aber immer extra betont werden, weil sie über 40 ist und alle automatisch mitleidig gucken. Wäre sie Single, müsste sie zwei Katzen haben, um denselben mitleidigen Effekt zu erzielen. Ich frage mich manchmal, warum Männern nie die Sache mit dem Kindersatz unter die Nase gerieben wird, wenn sie sich einen Hund zulegen.

Nie? Stimmt ja gar nicht! Denn als mein Ritter im Kollegenkreis erzählte, er sei jetzt stolzer Halter einer Deutschen Dogge, wurde ihm augenblicklich unterstellt, er habe die Familienplanung abgeschlossen – denn wer einen Hund halte, wolle keine Kinder mehr kriegen. Was für ein Quatsch! Manchmal argwöhne ich ja, Echsenliebhaber halten nur deshalb Geckos oder Bartagamen, weil sie sich der Kind-Hund-Erklärungsnot entziehen wollen. Echsen gelten als Hobby, Hunde sind eine Alternative oder gar Notlösung.

Ich frage mich, ob Familien mit Hund immer extra dazusagen müssen, dass der Hund erst nach den Kindern kam – sozusagen als Beweis dafür, dass sie sich nicht den Vierbeiner ins Haus geholt haben, weil sie dachten, dass das mit dem Kinderkriegen nichts mehr wird. Mir tun auch die jungen Frauen mit Hund leid, denn die müssen sich entweder sagen lassen, sie würden mit der Anschaffung des Hundes nur ihren Kinderwunsch hinausschieben, oder ihnen wird unterstellt, sie wollten schon mal üben, wie das so mit zuwendungsbedürftigem Anhängsel sei. Als Frau im besten gebärfähigen Alter kann man sich erst recht nicht den Luxus eines Rassehundes leisten, denn wer sich jetzt einen Hund anschafft anstelle eines Kindes, der ist nur dann gesellschaftlich akzeptiert, wenn er sich in der Tierrettung engagiert.

Vielleicht übertreibe ich, gewiss sogar, doch mit wem ich auch spreche, ich höre immer nur Klagen über den Rechtfertigungszwang, egal, welche Richtung frau einschlägt: Kind, Hund, Reihenhaus, kein Hund, keine Kinder – Nichtmütter stehen unter dem unaufhörlichen Druck, sich erklären zu müssen. Das geht doch niemanden etwas an! Ich frage eine Hochschwangere ja auch nicht, ob sie sich das wirklich gut überlegt hat mit der Mutterschaft. Eine Mami hat die Goldene Bulle der Rechtfertigungsbefreiung.

Zu der Fraktion, die sich einen Hund erklärtermaßen nicht als Kinderersatz hält, gibt es natürlich auch die gegensätzliche Position. Mein Onkel und meine Tante, die – herzlichen Glückwunsch! – bereits goldene Hochzeit gefeiert haben, konnten keine Kinder haben und haben sich ganz bewusst für einen Hund entschieden, um die Leerstelle zu besetzen, die eigentlich für ein Kind vorgesehen war. Ich weiß noch, dass ihre Ansichtskarten immer mit «Eure drei Lübecker» oder «Eure drei Urlauber» unterzeichnet waren, und ich erinnere mich ebenfalls, dass ich das als Kind seltsam fand. Meine Eltern hatten keine Hunde, und so waren die Hunde von Onkel und Tante meine einzigen vierbeinigen Anschauungsobjekte. Ich weiß nicht, ob unsere Familie nicht enger zusammengerückt wäre, wenn mein Bruder und ich mit ihnen gespielt hätten.

Heute tut es mir leid, dass wir als Familie nicht mehr darauf geachtet haben, erst Alexa und dann Aaron als vollwertige Mitglieder in unsere Sippe zu integrieren. Ich hatte damals Angst vor Hunden, man mag es mir verzeihen. Heute verstehe ich nur zu gut, wie viel emotionalen Raum so ein Hund in unserem Menschenleben einnehmen kann, wenn man es denn zulassen will. Umso schöner ist es zu sehen, wie offen meine Eltern meinem Hund begegnen – ich fordere sie nicht dazu auf, sie tun es von sich aus, und das ist für Menschen, die nie einen eigenen Hund hatten oder haben wollten, schon bemerkenswert.

Vieles von dem, was Eltern so treiben, kann man als kinderloser Mensch nicht nachvollziehen, hält sich jedoch mit einer Urteilsäußerung zurück. Hundeerziehung scheint indes Allgemeinbildung zu sein, die jeder vor sich herträgt, ob er nun selbst Hunde hat oder nicht. Wer sich einen Hund anschafft, weil es ihm nicht möglich ist, ein eigenes Kind zu bekommen, sollte sich schon mal gegen vier Arten von selbsternannten «Richtern» wappnen. Die einen finden es gut und richtig und unterstützen mit einem Mitleidsbonus die Eltern des Kindes mit Fell. Sie merken sich den Geburtstag des Hundes und werden auch nie vergessen, Leckerlis für ihn einzustecken. Die zweite Fraktion – meistens die, die sowohl Kinder als auch einen Hund haben – halten Paare für überspannt, die glauben, ein Hund könne ein Kind ersetzen. Sie finden das albern und werden zum Beispiel der Anmerkung, der Hund habe morgen Geburtstag, mit Augenrollen begegnen. Die dritte Partei wiederum erkennt in der Anschaffung eines Hundes als Kindersatz einen gefährlichen Realitätsverlust, erst recht, wenn es sich bei dem Hund nicht zumindest um ein Tier aus dem Tierschutz handelt. Ein Hund, den man anstelle eines Kindes anschafft, muss aus dem Tierheim sein. Alles andere ist nur ein Zeichen dafür, dass die Nichteltern keine guten Eltern geworden wären – ich meine: wenn sie schon kein Herz für arme Tierschutzhunde haben! Den Vertretern der vierten Position ist es herzlich egal, warum der Hund da ist, sie nehmen es hin, dass er für das Paar eben ein Kind mit Fell ist, und selbst wenn sie es belächeln, dann ist es liebevoll gemeint.

Sie sind mir die liebsten, da ich ja selbst nicht ganz ausschließen kann, dass meine Hündin nicht auch ein kleines bisschen mein Ersatzkind ist. Denn: Sie sabbert, sie nimmt alles, was herumliegt, ins Maul, fordert Zuwendung zur Unzeit ein, lässt ihr Spielzeug überall herumliegen und trägt bei Regenwetter den schmutzigsten Schmutz ins Haus, ohne Rücksicht auf weiße Wände. Das Wort, das ich am häufigsten gebrauche, seitdem sie eingezogen ist, lautet «Nein», was übrigens auch das erste Wort meiner Nichte war! Als sie, also der Hund, nicht die Nichte, das erste Mal in einer Tagesbetreuung untergebracht war, kämpfte ich mit mir, nicht helikoptermamamäßig hinzufahren und zu kontrollieren, ob auch alles in Ordnung war. Neunzig Prozent unserer gemeinsamen Zeit verbringen wir damit, einander nachzulaufen, um herauszufinden, was die andere da wohl gerade isst. Die Anschaffungskosten für die Grundausstattung waren exorbitant hoch, wir haben im ersten Jahr mindestens fünfmal den Tierarzt aufgesucht, und der Hund zeigt keinerlei Verständnis, wenn ich morgens mal im Bett liegen bleiben möchte. Außerdem kann ich nicht einfach über Nacht wegbleiben oder nach einem Stadtbummel spontan einen Theater- oder Kinobesuch dranhängen.

Wenn man jetzt noch bedenkt, dass eine Deutsche Dogge kein Kleinwagenhund ist, dann kommt man im Vollkostenvergleich zu dem Schluss: Dieser Hund ist ein Kind. Aber wir – und alle anderen, die meinen, das schlimme Wort mit der Vorsilbe «Kind» und «Ersatz» im Abgang bemühen zu müssen – sollten es uns nicht so leicht machen. Denn so leicht ist es nicht.

Kinder sind ein Geschenk, das man bekommt oder nicht. Einen Hund kann man sich jederzeit zulegen, kein Problem – falls sich der Vermieter allerdings querstellt, hat man eins. Mieter, die ein Kind bekommen, müssen das nicht fürchten, auch wenn der eine oder andere Nachbar sich das vielleicht insgeheim wünscht. Einen Hund begleite ich nicht zu seinem ersten Schultag, ich muss mir keine Spiele für seine Geburtstagsfeier ausdenken, und er wird garantiert nie

«Mama» sagen. Hunde sind genauso Familienmitglieder wie Kinder, dennoch wird kaum jemand eine Weihnachtskarte an «Familie Müller» schreiben, wenn diese Familie aus einem Zweibeiner und zwei Hunden besteht.

Ich kann diese Kind-Hund-Vergleiche nicht mehr hören, ich konnte es nie. Hunde sind und bleiben Tiere, und das ist auch gut so. Wer mit Tieren leben will, soll es tun – aber keine Frau mit unerfülltem Kinderwunsch wird sich durch den Vorschlag «Dann hol dir doch einen Hund!» trösten lassen. Das schrammt am Thema vorbei, wird dem Hund nicht gerecht, dem Kind nicht – und erst recht nicht der Frau.

# EMOJIS UND SCHWANGERSCHAFTS-ANKÜNDIGUNGEN

Ich wünsche mir schon seit der Steinzeit Kinder – zumindest gefühlt, denn damals gab's noch kein WhatsApp. Man simste noch, und wer chatten wollte, musste sich an den PC setzen. Heute ist das anders. Heute sprachnachrichtet man lieber, bevor man telefoniert, und verschickt Emojis. Es gibt ja inzwischen zu so ziemlich allen Lebenslagen Emojis, also auch zum Thema Elternschaft: Frau mit dickem Bauch, Mama mit Kind, Mama mit Zwillingen, homosexuelle Elternpaare mit Kindern und weiß der Kuckuck was noch alles, denn inzwischen hat sich sicher jemand wieder etwas Neues ausgedacht.

Emojis wurden geboren aus dem Wunsch, sich gleichzeitig mit der größtmöglichen Effizienz und Knappheit auszudrücken. Wenn heutzutage eine Frau ein Kind erwartet, ändert sie ihren Status bei WhatsApp in irgendetwas mit Herzchen und dem Schwangeren-Emoji. Ganz kreative Geister fügen noch ein Fragezeichen oder das «Weiß-nicht»-Emoji hinzu. Vor zwei Jahren rief mich eine Freundin an, um mir die frohe Botschaft höchstpersönlich zu verkünden. Ihr gejubeltes «Ich werde Mama!!!» kam mit so viel Liebe und Wärme durch den Äther geflogen, dass ich automatisch mit glücklich sein musste. In mir breitete sich ein Strahlen aus, und ich sah ihr Lächeln noch aus 500 Kilometern Entfernung so deutlich vor mir, dass ich jede Sommersprosse auf ihrer Nase erkennen konnte. Übrigens war es ein Wunschkind, noch dazu durch künstliche Befruchtung, aber niemand im Freundeskreis hatte geahnt, dass die beiden werdenden Eltern sich ein Kind so sehr wünschten, dass sie schließlich diesen Weg wählten. Vor dem Anruf meiner Freundin hatte ich nicht einmal gewusst, dass sie Mama werden wollte.

Es hat fast zwei Jahre gedauert, bis das nächste Mal eine Freundin aus meinem engeren Umfeld schwanger wurde. Aber es waren zwei Jahre, in denen die digitale Kommunikation einen Riesensatz nach vorn gemacht hatte. Inzwischen verschickte man WhatsApps, zuerst in die Freundinnen-Chatgruppe: «Hey Mädels, wie geht es euch, ist alles gut? Ich denke jeden Tag an euch und hoffe, ihr macht alle euren Weg! Bei mir passiert so viel Tolles, ist gerade alles prima!»

Ich las das und dachte: Aha, schwanger oder endlich offiziell geschieden. Und ich wusste, dass diese Nachricht nur der Auftakt für eine weitere Mitteilung war nach dem Motto: «Weil es die Höflichkeit gebietet, erkundige ich mich nach eurem Befinden, bevor ich euch sage, was ich unbedingt loswerden muss.» Ganz ähnlich leiten viele Menschen Gespräche mit «Wie geht es dir?» ein, um noch vor der Antwort auf diese Frage von sich selbst zu erzählen. Das ist ein Kommunikationsverhalten, das offenbar auch vor WhatsApp nicht haltmacht. Auf Nachrichten wie die meiner Freundin antwortet man daher am besten sofort mit: «Erzähl, was ist passiert?» Und ich behielt recht. Ganze 20 Sekunden später schrieb Luisa mir nämlich direkt: «Anna, es ist so schön, es gibt so tolle Neuigkeiten!» Dazu setzte sie ein Schwangeren-Emoji.

Und was tat ich? Ich antwortete natürlich, immerhin mit einer Sprachnachricht, anrufen wollte ich sie aber dann doch nicht. Warum? Weil ich dann ihre Gefühle unmittelbar hätte aushalten müssen und weil mir das inzwischen zu schwierig, zu kraftraubend geworden ist. Daher wurde auch nur eine kurze «Oh, ich freue mich so für dich!»-Sprachnachricht daraus. Dann schob ich, wieder schriftlich, die obligatorischen Fragen nach: «Wann ist es denn so weit? Weißt du schon, was es wird? Wie geht es dir damit?»

Die Frage nach dem Vater verkniff ich mir, das war für eine WhatsApp zu intim. Und schon wieder ein Grund, warum es einfacher ist, nicht zu telefonieren: Man bekommt seltener unbequeme Fragen gestellt oder Fragen, über die man lieber nachdenken möchte, bevor man impulsiv antwortet. So umschiffte auch Single Luisa alle unangenehmen Klippen und konnte nur die Freude mit anderen teilen. Ich freute mich ehrlich für sie – vor allem, weil sie bisher dachte, sie könne keine eigenen Kinder haben (kam mir bekannt vor!), und daher auch nicht verhütet hatte. Das Baby war ein Zufallstreffer.

Nein, dachte ich, ich will nicht neidisch sein, nicht traurig und nicht wehmütig. Es ist doch toll, denke ich angestrengt, ich freue mich, dass es ihr so gut geht, das war nicht immer der Fall. Es gelingt mir gut, Glück für andere mitzuempfinden und gleichzeitig ein wenig betrübt für mich selbst zu sein. An manchen Tagen geht das besser, an anderen schlechter, dann schleicht sich doch Neid ein. Es fängt damit an, dass jemand dieses Emoji benutzt, das ich in Bezug auf mich bisher noch nicht verwenden durfte. Ich will es nämlich erst dann verschicken, wenn ich meine eigene frohe Botschaft verkünde. Bis dahin bleibt es unangetastet, aufgehoben für mein eigenes Kind, wie das Lieblingskuscheltier meiner Kindheit in der Kiste auf dem Dachboden, das ich nicht einmal meiner Nichte Julia in die Hand geben will.

Kein Wunder also, dass, als ich von Luisas Schwangerschaft erfuhr, schnell die üblichen Verdächtigen wieder auf der Matte standen: die negativen Gefühle. Ich hätte mich wirklich nach dem Vater erkundigen können, am Telefon, als Sprach- oder Textnachricht. Ich tat es nicht. Ich wollte nämlich von alldem nichts hören und sehen. Je mehr ich mich damit beschäftigte, desto trauriger, enttäuschter und neidischer wurde ich, weil da wieder mal jemand ein Glück in die Welt hinausposaunte, das ich immer nur von außen betrachten durfte. Mir fielen die Kinderspielplätze in Marokko ein, die eingezäunt sind und bewacht werden, damit nur Kinder aus guten Familien dort spielen. Die ärmeren Kinder stehen draußen, drücken die kleinen Gesichter sehnsüchtig an den Maschendraht und dürfen nicht mitmachen. Und auch ich stand bei dieser Nachricht auf der falschen Seite – ich war nicht die Senderin, sondern die Empfängerin der Neuigkeit. Und mal wieder bekam ich ein schlechtes Gewissen, weil ich mich nicht vorbehaltlos mitfreute.

Nun sind mir Situationen wie diese nicht neu, ich habe sie schon reichlich erlebt. Ich weiß, dass es keine Option ist, mich zu Hause zu verkriechen, weil ich mich damit erstens um ein Stück selbstbestimmtes Leben bringe und zweitens dann bestimmt anfange, in Onlineshops nach passenden Schwangerschaftsgeschenken zu stöbern, weil ich ja trotz allem eine tolle Freundin sein möchte. Es ergibt aber ebenso wenig Sinn, mich mit Shopping außer Haus abzulenken, denn dort lauern potenziell noch mehr Schwangere, außerdem hat Geldausgeben in den seltensten Fällen einen langfristig tröstenden Effekt. Erst recht nicht, wenn man eine kinderwunschkranke Frau ist. Lebt man dann nämlich auf zu großem Fuß, sagt bestimmt jemand: «Kinder kosten ja einen Haufen Geld, das könntest du dir überhaupt nicht leisten, mit deinem Lebensstil.»

An diesem Punkt angekommen, ertappte ich mich dabei, wie ich immer noch auf mein Handy starrte, das permanent den Eingang neuer Nachrichten vermeldete, die ich jetzt nicht lesen wollte. Lesen wollte ich auch keine Bücher, da mir gerade die Konzentration fehlte, also löste ich das Problem auf tierische Weise: Mein Hund musste herhalten. So ein Hund ist nämlich immer eine sehr bequeme Ausrede und Ablenkung. Bei schwierigen familiären oder langweiligen Situationen kann ich immer mit dem Hinweis «Ich glaube, der Hund muss mal raus» fluchtartig den Schauplatz des Geschehens verlassen und habe dann mindestens zehn Minuten meine Ruhe. Und selbst wenn jemand mit mir kommen möchte, wird die Hunderunde ein erfolgreicher Bruch durch die vorherige Situation sein, aus der ich flüchten will. In diesem Fall musste nicht der Hund raus, sondern ich. Denn wenn ich jetzt mit dem Handy in der Hand neben der leeren Kaffeetasse sitzen bleibe, dann werde ich mich durch digitale Ablenkungen klicken und eine halbe Stunde später meiner ohnehin schon niedergedrückten Stimmung einen Baustein aus schlechtem Gewissen wegen verplemperter Zeit hinzufügen. Also Schuhe an, Handy stummschalten, den Hund aufzäumen, rausgehen. Wichtig: Kreuz durchdrücken. Ich bin eine Frau Ende dreißig ohne Kinder, ich führe meinen Hund aus, weil es mir gerade so passt und nicht, weil ich einen Wehmutsanfall habe. Nein, nein.

Zu meiner großen Freude traf ich direkt vor dem Haus eine Nachbarin, ihres Zeichens kinderlose Steuerberaterin Ende dreißig. Wir hatten uns schon mal über die Kinderfrage ausgetauscht, und sie sagte, sie warte immer noch auf den Kinderwunsch, aber er stelle sich einfach nicht ein. Unser Gespräch drehte sich um Urlaubserlebnisse und Wasserschäden, erfreulich belangloses Zeug, die Sonne schien, und der Hund gab sich alle Mühe, ein großes sabberndes Doggenherzchen zu sein. Es hätte so schön sein können, aber das war nicht der göttliche Plan für heute. Nun lebe ich ja in einem hippen Mami-Stadtteil, und daher gibt es immer Kinderwagen im Stadtbild, das gehört dazu, so wie Straßenlaternen und Balkonflamingos, man nimmt es kaum noch wahr. Doch ein Kinderwagen kreuzte unseren Weg, und die Frau, die ihn schob, fiel ebenso unaufgefordert wie kreischend meiner Nachbarin um den Hals, was diese mit einem erschrockenen Aufschrei quittierte.

«Wir haben uns ja *ewig* nicht gesehen!», tönte es hinter der Riesensonnenbrille des Muttertiers hervor. Ich bin ja im Übrigen davon überzeugt, dass diese flächendeckenden Augenschützer von frischgebackenen Müttern erfunden wurden, damit sie ihre Augenringe beim Mamispießrutenlauf auf der Straße darunter verstecken können. Wie gerne wollte ich mal müde aussehen, weil mein Kind mich nicht schlafen ließ!

«Ach, Mensch, Ina, dich hätte ich jetzt nicht erkannt!», kam es ehrlich überrascht von meiner Nachbarin. «So mit Kinderwagen und so ...»

Die Freundin meiner Nachbarin war groß, sonnengebräunt, schlank. Sie trug ein hübsches Sommerkleid und lächelte uns perlweiß an. Sie kam mir vor wie eine Fashion-

Bloggerin, die eine Fotoreportage zum Thema «Erster Walk mit Baby in the Hood» inszeniert. Oder anders ausgedrückt: Mir war plötzlich die Manifestation meiner Sehnsuchtskrankheit vor die Füße gefallen. Meine Nachbarin stellte mir ihre Freundin vor, und für einen kurzen Moment wollte ich lieber nicht in den Kinderwagen sehen. Aber neue Babys sind etwas Schönes, die Neugier und der Wunsch, der glücklichen Mutter etwas Nettes über ihr Baby zu sagen, siegten über meine Angst, der Anblick würde mich nur noch trauriger machen. Wir betrachteten den zwei Wochen alten Sprössling. Neugeborene sehen so herrlich entrückt und friedlich aus, als gingen die Niederungen dieser Welt sie noch gar nichts an. Es war ein entzückendes Kind, was das Bewundern noch einfacher machte. Nichts ist nämlich schlimmer als ein verknautschtes Kind, das man pflichtschuldigst als «süß» bezeichnen muss, obwohl jeder Blinde mit Krückstock sieht, dass es zwar ein kleines Wunder, aber alles andere als eine Augenweide ist. Ein befreundeter Papa hat dieses Problem übrigens ganz einfach gelöst, indem er die Kinderschar mit den Worten vorstellte: «Das ist mein Sohn X, das meine Tochter Y, und das Neue da im Kinderwagen ist unser Gollum!»

Ich glaube nicht, dass ich ein wahnsinnig niedliches Baby war, aber zu jener Zeit war das vielleicht auch noch nicht ganz so wichtig, weil man noch nicht sofort Babyselfies um die Welt schicken musste. Aber da wir schon dabei sind: Schön sollten die jungen Mütter am besten gleich nach der letzten Presswehe wieder sein, damit zügig das erste Familienporträt um die Welt geschickt werden kann. Ein ungeschminktes Mami-Selfie, weil schlicht die Zeit zum Aufhübschen fehlt, wird verschämt mit dem Hashtag *natu-*

*ralmommy* versehen. Nur die Babys dürfen noch so bleiben, wie sie sind. Das hoffe ich jedenfalls.

Besagten Hashtag hätte die Jungmutter vor uns weiß Gott nicht gebraucht. Meine Nachbarin und ich bewunderten aufrichtig ihr munteres, umwerfendes Aussehen: «Ich dachte, das gibt es nur bei den Royals, dass man kurz nach der Geburt wieder so fit aussieht!»

Dann setzten wir unseren kinderlosen Weg fort. «Mit Kinderwagen erkennt man die Leute gar nicht wieder», meinte meine Nachbarin schließlich, «ich hatte zwar die WhatsApp bekommen, dass das Kind geschlüpft ist, aber realisiert hatte ich das nicht.»

«Das ist wie bei Hundehaltern», pflichtete ich ihr bei. «Da weißt du auch nicht, wer das ist, wenn du sie plötzlich ohne Hund siehst.»

# FLIEGENFISCHEN

Ich habe es mir zur Gewohnheit gemacht, mich mit meinem ganz persönlichen Glücksbuch vom Keinekinderkriegen abzulenken. So schreibe ich allabendlich auf, was mir der Tag an kleinen Glücksmomenten beschert hat. Außerdem befolge ich gute Ratschläge. Einer davon lautete zum Beispiel, doch mal wieder ein spannendes Buch zu lesen. Ein anderer, mich entspannt in die Sonne zu setzen oder einen langen Spaziergang zu machen, ein dritter empfahl, auf Entdeckungsreise zu gehen und mir anzuschauen, welche schönen, unbekannten Ecken meine Stadt hat. Außerdem sollte ich mich gesund ernähren und das Handy öfter mal weglegen.

Der beste Mann von allen ist Prozessoptimierer – ein wenig hatte das auf mich abgefärbt, und ich beschloss, sämtliche Ratschläge auf einen Streich abzuarbeiten. Ich suchte ein spannendes Buch heraus, wartete, bis die Sonne schien, ließ das Handy zu Hause und steuerte den Hamburger Holzhafen an. Nach einem Spaziergang im Hafenwind war mir, dem Frühherbst angemessen, kalt, ich hatte Hunger, und das Buch in meiner Tasche wurde auch nicht leichter. Die Terrasse eines Restaurants mit Elbblick war gut besucht, doch ich bekam noch einen Zweiertisch mit nur einem Stuhl – den anderen hatte sich der Nachbartisch ausgeborgt. Mir war das recht, so musste ich nicht befürchten, vom Kellner schief angesehen zu werden, weil ich einen Zweiertisch blockierte.

Während ich auf die Speisekarte wartete, drangen die fröhlichen Stimmen vom Nebentisch zu mir durch, und ich begann, meine vier Tischnachbarn genauer in Augenschein zu nehmen. Man schien sich schon lange zu kennen, die Männer waren Anfang oder Mitte vierzig, die Frauen etwas jünger. Alle sportlich, schlank, trainiert und gekleidet mit dieser lässigen Eleganz, die aussieht, als habe man einfach nur wahllos in den Kleiderschrank gegriffen – aber in Wirklichkeit hatte man nicht einmal die Socken dem Zufall überlassen. Das eine Paar war offensichtlich sowohl frisch verliebt als auch gerade erst dem Bett entstiegen. Sie hielten Händchen unter dem Tisch, die Hände wanderten auf den Schenkeln des anderen hin und her, an den Armen empor zur Schulter und hinauf in die Haare, bevor sie erneut zusammenfanden. Sie sahen so unbeschwert und glücklich aus, wie man es nur sein kann, wenn man am Anfang einer Beziehung steht. Ich lächelte in mich hinein.

Das andere Paar schien schon vertrauter miteinander zu sein – auch sie berührten einander, aber zielgerichteter, so, als wüssten sie genau, wo es der andere gernhatte. Beide hatten eine Lockenpracht, durch die kein Kamm kam. Und während ich so wartete und halbherzig in mein Buch blickte, begann ich, ihrer Unterhaltung zu lauschen, zunächst eher beiläufig, dann schließlich mit voller Absicht.

«Warum ist Barbara eigentlich nicht den Halbmarathon mitgelaufen?», fragte die Lockenfrau.

«Keine Ahnung, weiß ich auch nicht», antwortete die Frischverliebte. «Ich dachte erst, sie ist schwanger – aber das ist sie gar nicht!»

«Und warum ist sie dann nicht mitgelaufen?»

«Als ob man immer laufen müsste, nur weil man nicht

schwanger ist», mischte sich der Lockenmann ein. «Dann hätte ich ja nie das Recht, auf der Couch liegen zu bleiben!»

«Na», erwiderte die Lockenfrau mit feinem Lächeln, «immer wenn ich schwanger war, war das ein willkommener Grund für dich, nicht zum Sport zu müssen!»

Alle vier mussten lachen, dann fragte der frischverliebte Mann interessiert: «Du warst schwanger? Wann denn? Ich dachte, ihr wollt noch keine Kinder?»

Die Frischverliebte setzte sich aufrechter hin und beugte sich vor, auch sie schien neugierig auf die Antwort zu sein, und ich fragte mich, ob sie in diesem Moment wohl hoffte, die Einstellung ihres neuen Schwarms zur Kinderfrage zu erfahren.

«Lilly ist ständig schwanger», lachte der Lockenmann. «Sie bleibt es nur nie. Meistens erfährt sie es erst, wenn es schon zu spät ist.»

Jetzt war ich wie gebannt, schlug aber vorsichtshalber eine Seite in meinem Buch um, damit ich mich nicht verriet. Ich bestellte rasch einen Salat und ein Wasser, damit der Kellner schnell wieder verschwand und mir nichts von dem Gespräch entging.

Lilly, die Lockenfrau, erklärte: «Seit wir zusammen sind, war ich schon dreimal schwanger. Trotz Pille, trotz Nuvaring. Das erste Mal habe ich abgetrieben, weil es einfach zu früh war, wir wohnten auch noch nicht zusammen. Die anderen beiden Male habe ich es erst erfahren, als ich plötzlich eine Fehlgeburt hatte. Ist ja nicht schlimm, wir planen das ja noch nicht.»

Ich sah sie mir unauffällig genauer an. Wenn sie so locker über Fehlgeburten sprach, dann musste sie jünger sein, als es den Anschein hatte. Ich konnte mir kaum eine Frau in meinem Alter vorstellen, die Fehlgeburten auf die leichte Schulter nahm. Aber die schmale Hand mit dem mattgoldenen Ehering wirkte tatkräftig, energisch und nicht mehr ganz jung.

Ihr Mann erläuterte: «Wenn ein Kind kommt, dann kommt es halt. Jetzt bin ich 44, da ist das ja irgendwie okay. Aber wenn alle Kinder, die ich bisher angesetzt habe, auch zur Welt gekommen wären, würde ich jetzt irgendwo in einer Plattenbausiedlung leben und für Alimente buckeln. Mir passiert so was ständig.»

«Was? Dass du Frauen schwängerst? Kampfspermien, oder was?», fragte die frischverliebte Schönheit augenzwinkernd.

«Ja, irgendwie schon. Im Studium, bei meiner ersten festen Freundin, bei einer Affäre, bei Cornelia – alle irgendwann schwanger, aber alle haben problemlos abgetrieben.» Er fügte hinzu: «Bei Cornelia hätte es mich damals nicht gestört – aber im Nachhinein ist es gut, dass sie das Kind nicht wollte.» Er drückte seiner Frau fest die Hand und zerzauste ihr liebevoll das Haar.

«Und wie machst du das?», wollte der Frischverliebte wissen. Die Worte waren schon ausgesprochen, als ihm ihre Doppeldeutigkeit auffiel, bei der die anderen kichern mussten.

«Marc, lass dir das mit den Bienchen und den Blümchen von deiner Freundin erklären!»

Sie gluckten vergnügt, dann sagte der Lockenmann mit gespieltem Ernst: «Also, das ist wie beim Angeln. Manche gehen einfach irgendwo ans Wasser, werfen die Angel aus und hoffen, dass was beißt.»

«Also aufs Beißen würde ich ja nicht hoffen!», warf Marcs Freundin ein.

«Unterbrich ihn nicht, er verrät gerade Betriebsgeheimnisse!»

«Wie gesagt», fuhr der Lockenmann ungerührt fort. «Einige Angler verkünsteln sich mit teurem Equipment beim Hochseeangeln, andere stehen rum und warten, dass etwas passiert, und wieder andere, so wie ich, haben eine Strategie. Unsereins wirft nicht die Angel aus und holt sie wieder ein, sondern wir praktizieren Fliegenfischen: Du dippst vorsichtig mit dem Köder aufs Wasser und ziehst die Rute sofort wieder ein, damit der Fisch dem Köder nachschwimmt.» Wieder lachten die anderen, und er ergänzte: «Jedes Mal also, wenn ich irgendwohin dippe, fühlt sich ein Fisch angesprochen, und die Frau ist schwanger! Ich bin quasi genau der richtige Mann fürs Kinderkriegen!»

Ich konnte mir nicht helfen, ich beugte mich tiefer über meinen Salat, damit nicht auffiel, dass ich mitkicherte. Ich nahm die Gabel zur Hand und spießte Grünzeug auf, während mir der Salamiduft von der Pizza nebenan in die Nase stieg. Ich guckte auf meinen Teller, sah die gerösteten Kürbiskerne, die Ziegenkäsebällchen, die Paprikastückchen, die zusammen mit dem Rucola im Essigdressing zu ertrinken schienen, und mochte augenblicklich nicht mehr essen.

Die vier am Nebentisch waren inzwischen mit ihrer Riesenpizza beschäftigt, und ihr Gespräch verebbte in zufriedenem Kauen. Mit einem Mal war mir, als zöge ein Unwetter auf, der Himmel verdunkelte sich, obwohl die Sonne nach wie vor schien. Mein Platz im Schatten war kalt und ungemütlich. Das Wasser, der gesunde Salat, die Selbstkasteiung im Namen des Kinderkriegens, der ich mich fortwährend unterwarf … Was sollte das bringen? Am liebsten hätte ich mich vor dem Lockenmann aufgebaut und gesagt: «Lass mich an deinen Supermannspermien teilhaben! Hier! Fliegenfischen! Jetzt!» Er müsse sich keine Sorgen von wegen der Alimente machen, hörte ich mich schon sagen – zugegeben, es klang ein wenig nach Betteln. Und seine Frau hätte auch keinen Grund, eifersüchtig zu sein, das könnte ich ihr versprechen. Von mir aus dürfte sie dem Fliegenfischen auch gerne beiwohnen. Hauptsache, er schwängerte mich, dann könnte er gehen und würde nie wieder etwas von mir hören: «Keine Verpflichtungen, versprochen, aber lass jetzt endlich dein Sperma rüberwachsen!»

Ich legte das Besteck zur Seite und den Kopf in den Nacken und atmete tief durch. Ho, Brauner, ho, sagte ich mir. Gaaaaanz ruhig. Langsam zählte ich von zwanzig bis vierzig, was viel besser ist als von eins bis zehn, denn ab zwanzig haben Zahlen mehr Silben – das Selbstbeschwichtigungsseminar vor ein paar Wochen war also doch zu etwas nütze gewesen. Auf meinen gesunden Salat hatte ich keinen Appetit mehr. Das Wasser widerte mich an, und die traurige Zitronenscheibe mit dem angeschnittenen Kern darin machte es nicht besser. Sitzen bleiben konnte ich nicht, plötzlich fühlte ich mich an meinem Singletisch eingeengt und gleichzeitig entsetzlich exponiert. Ich musste weg von hier. Aber der Kellner stand am anderen Ende der Terrasse, und einfach das Geld auf den Tisch zu legen und zu gehen, erschien mir zu melodramatisch.

Ich stand auf, griff meine Tasche und packte das Buch hinein, dann schob ich mich, eine Entschuldigung murmelnd, an dem Vierertisch vorbei, ohne den Lockenmann noch einmal anzusehen. Eigentlich hätte ich das gerne getan, aber was, wenn er mein Lächeln erwidert hätte? Dann wäre mein «Mach mir ein Kind»-Tagtraum nur noch schlimmer geworden. Ich steuerte auf den Tresen zu, der Kellner sah mich und kam zu mir. Ich zahlte, und er fragte, ob irgendetwas nicht okay gewesen sei. Nein, nein, alles gut, ich müsse nur dringend nach Hause, sagte ich und unterstrich meine Notlüge mit einem großzügigen Trinkgeld.

Am Auto angekommen, warf ich die Tasche hinein und setzte mich ans Steuer. Ich steckte schon den Zündschlüssel ins Schloss, da fiel mir erst auf, wie sehr ich außer Atem war. Wie sehr meine überstürzte Flucht, obgleich ich nicht gerannt war, mich angestrengt hatte. Und nun? Ich wollte doch überhaupt noch nicht nach Hause. Da wartete nichts. Nur ein Arbeitszimmer, das ich immer noch nicht zum Kinderzimmer umfunktionieren durfte. Am Kühlschrank keine Kinderkritzeleien, die mit bunten Magneten befestigt waren. Meine Wohnung war schön, aber leer. Jetzt konnte mir das nicht helfen. Jetzt nach Hause zu fahren würde nur bedeuten, in spätestens einer Stunde Heißhunger zu haben, denn gegessen hatte ich ja nichts, und dann Schokolade, Kekse und Eis in mich hineinzustopfen und mich nur noch schlechter zu fühlen. Ich kannte das zur Genüge. Und ich wusste, dass ich das nicht mehr wollte: traurig futternd allein zu Hause zu sitzen.

Ich brauchte eine Strategie. Und ich hatte immer noch den Pizzaduft in der Nase. Wenn ich jetzt die Hafenstraße Richtung Innenstadt fuhr, konnte ich zur Reeperbahn abbiegen. Vielleicht würde mich ein Bummel ablenken – dort gab es keine Kinder, nur Touristen, Einheimische wie mich und Geschöpfe der Nacht, die auf ebendiese warteten. Außerdem billige Imbissbuden und Kioske. Da würde sich wohl ein Stück Pizza für mich finden lassen.

Gedacht, getan. Ich fand erstaunlicherweise eine Parkbucht für Kurzparker. Auf dem Weg zum Pizzastand riskierte ich den einen oder anderen Blick in die Schaufenster der Shops entlang der sündigen Meile. Hier ging es nicht um Fliegenfischen, hier war Sex Selbstzweck und sollte alles, nur keine Kinder zeugen. Mir tat es gut, mal wieder daran zu denken, dass Sex ja Spaß machen und Ausdruck von Liebe oder zumindest Nähe sein konnte.

Männer wurden an fast jeder Ecke angekobert, es schien mir so plump und gleichzeitig so jahrtausendealt bewährt, ich betrachtete interessiert Pumps in den Auslagen, die vermutlich nicht dazu gemacht waren, dass frau auch nur zehn Schritte darin tat. Schick, eigentlich. Würde mir stehen, wenn ich unten lag und an meinen ausgestreckten Beinen entlang nach oben sah. Plötzlich meldete sich der Hunger wieder, und ich kaufte mir schnell ein locker gerolltes Etwas aus Teig, Schafskäse und Hackfleisch, ganz ohne Salat. Es war heiß und würzig und fettig, und nach einem Bissen entschied ich, es lieber doch nicht auf der Straße zu essen. Ich würde bestimmt kleckern, und so ging ich mit meinem Imbiss zum Auto zurück und fuhr zu einem meiner Lieblingsplätze in der HafenCity, Hamburgs neuestem Stadtteil, der ganz ohne Kirchen und Schulen auskommt. Auf die klinisch sauberen Stufen vor dem Magellan-Tower schien noch die Sonne. Ich setzte mich, packte mein Buch aus, ohne es aufzuschlagen, und schlang hungrig ein paar Bissen herunter. Dann erst ließ ich mir Zeit, die Umgebung wahrzunehmen, und genoss den Luxus, hier sitzen zu können, in der wärmenden Sonne, mit einer leckeren Mahlzeit und einem spannenden Buch. Mir ging es doch gut! Ich musste mir angewöhnen, mir öfter Zeit dafür zu nehmen, all die Dinge wahrzunehmen, die so viel Glück in mein Dasein brachten.

Ich war nicht gezwungen, auf der Reeperbahn anschaffen zu gehen, oder sonst wie in Not. Das Leben war doch nett zu mir!

Okay, Buch, jetzt ist deine Zeit, dachte ich und nahm es erneut zur Hand. Die Sonne war nicht mehr so grell, dass ich eine Sonnenbrille gebraucht hätte, die Buchstaben hoben sich scharf gegen das Papier ab, doch für meine Augen fühlte es sich noch angenehm an. Der Einstieg zurück in den Krimi gelang mir schnell, und nachdem die erste Leiche gefunden war, packte mich die Handlung wieder. Ich hatte gerade beschlossen, noch ein weiteres Kapitel hier zu lesen, dann nach Hause zu fahren und es mir mit einem Glas Rotwein auf dem Balkon gemütlich zu machen. Die Handlung nahm Fahrt auf, schon wurde die zweite Leiche gefunden. Beim Hochseeangeln, nicht beim Fliegenfischen.

Ich lachte laut und schüttelte den Kopf, und ein Mann, der ein paar Stufen vor mir saß, drehte sich um und lächelte. Ich zuckte die Schultern und lächelte zurück. Mein Kinderwunsch holte mich immer wieder ein, doch jetzt und hier machte er mir einfach nichts aus. Der Tag hatte mich um eine Anekdote reicher gemacht – und um den Beweis, dass ich die Fähigkeit besaß, mich selbst am Schopf aus dem Sumpf zu ziehen. Ich war zufrieden mit mir.

# UND WER SOLL SPÄTER ALLES ERBEN?

Können Erwachsene eigentlich Kindern eine Niere spenden?», wollte Eric eines Tages von mir wissen. Er ist mein bester Freund, 39 Jahre alt, selbständiger Werbetexter und war zurzeit mal wieder Single.

Ich überlegte blitzschnell, welchen Hintergrund diese Frage haben könnte, denn Eric hatte selbst keine Kinder – aber eine große Familie. Er war das jüngste von fünf Geschwistern zwischen 39 und 54: drei Kindern aus erster Ehe des Vaters, zwei aus der zweiten, und sie alle würden einmal ihren 78-jährigen Vater beerben. Von dessen Ehefrauen lebte nur noch die zweite, Erics Mutter. Ihr nicht unbeträchtliches Vermögen und zwei Eigentumswohnungen würden einmal Eric und seiner 42 Jahre alten Schwester Bina zufallen. Der weitaus größere Teil der Erbmasse stand allerdings von Seiten des Vaters zu erwarten – wir sprechen hier von einer profitablen Versicherungsagentur, zahlreichen Immobilien und Geldanlagen.

Die drei Kinder aus erster Ehe hatten selbst keinen Nachwuchs, der Kontakt zwischen den Halbgeschwistern war blendend – ich hatte sie bei Erics Geburtstagsfeiern kennengelernt und selten lustigere Partys erlebt. Die Älteste von ihnen, Britta, war 54 und pendelte seit Jahren zwischen Deutschland und Mallorca hin und her. Es war nicht zu vermuten, dass sie noch eine Ehe eingehen oder

Kinder bekommen würde, obwohl sie, lebenslustig, wie sie war, sicher eine Bereicherung für viele potenzielle Partner gewesen wäre. Ingrid, die zweite Tochter, war als Immobilienmaklerin und Züchterin von Glückskatzen so sehr mit sich und ihrer Arbeit beschäftigt, dass auch bei ihr kein Nachwuchs mehr zu erwarten war, es sei denn, der Nachwuchs hatte Fell. Marno, jüngstes Kind aus der ersten Ehe, war 51 und ein notorischer, gut aussehender Einzelgänger, Typ einsamer Wolf, der keine Kinder wollte. Eric war also das jüngste Mitglied der künftigen Erbengemeinschaft, sodass er statistisch gesehen am längsten etwas von seinem Erbe haben würde.

Wir gingen in unregelmäßigen Abständen mit unseren Hunden an der Außenalster spazieren. Meistens kam die Initiative von ihm, und meistens war der Grund dafür eine Frauengeschichte, die erörtert werden wollte. Ich hatte für solche Doktor-Sommer-Therapiegespräche immer Zeit. Daher dachte ich bei der Frage nach der Nierentransplantation auch sofort, dass es ihm diesmal ziemlich ernst sein musste. Ich fragte zurück: «Datest du gerade eine Frau mit einem nierenkranken Kind?»

«Nein, ich frage wegen meiner Nichte.»

Eric war seit ein paar Monaten Onkel, seine Schwester Bina hatte spät ihr erstes Kind bekommen. Doch so klein ihr Töchterchen Natalie auch noch war, sie hatte bereits die familiäre Erbstrategie der Familie auf den Kopf gestellt.

«Oh mein Gott, ist Natalie krank?», fragte ich und entwarf im Geiste bereits einen Brief mit meinen besten Genesungswünschen an Bina.

«Nein», beruhigte mich Eric. «Nur – man weiß ja nicht, ob sie mal krank wird … Ich meine, ich will es nicht hoffen, aber ich bin ihr jüngster Verwandter. Also wenn jemand Organe spenden sollte, dann ich.»

Der Vater der Kleinen war bereits Pensionär und hatte keine Angehörigen. Natalies Eltern waren also in einem Alter, in dem sie vor dem Gesetz keine Säuglinge mehr hätten adoptieren dürften, bekommen aber schon. Ich kannte Bina, ich freute mich sehr für sie und war überzeugt, dass sie alles mehr als richtig machen würde. Sie war der Typ Mensch, der nichts dem Zufall überließ. Sie hatte schon in der Schule Packlisten für Klassenausflüge angelegt und vermutlich bereits im Angesicht des positiven Schwangerschaftstestes begonnen, die Tasche für die Geburtsklinik zu packen.

«Eric», erwiderte ich, «wie um alles in der Welt kommst du denn auf so etwas?»

«Ich lese da gerade so ein Buch.»

«Was für ein Buch?»

«Wenn ich dir das sage, regst du dich nur auf.»

Ich atmete tief durch. Männer konnten manchmal anstrengend sein. «Du hast gesagt, du möchtest um die Alster gehen, weil du etwas mit mir bereden willst, und jetzt willst du es doch nicht mit mir bereden?»

«Hm», machte Eric. «Aber versprich mir, dass du es nicht lesen wirst.»

«Spuck's einfach aus», sagte ich streng.

«Mein Bruder Marno hat mir ein Buch geschenkt, einen Roman. Er spielt in einer fiktiven Gesellschaft, in der alle, die über 50 sind und keine Kinder haben, zur Organspende gezwungen werden. Er hat es selbst gelesen und sagt, er findet das vernünftig – nur, dass er 50 als Altersgrenze für zu niedrig hält.»

Ich hörte das und dachte, praktisch veranlagt, wie ich nun mal bin: Wie will man denn einem Mann nachweisen, dass er nirgendwo auf der Welt ein Kind hat? Ob der Autor oder die Autorin das bei der Kausalitätsprüfung des Romans bedacht hat? Das ist vermutlich das Gute an fiktiven Gesellschaften – wenn etwas logisch nicht passt, dichtet man es passend hin. Politik funktioniert auch manchmal so. «Dein Bruder hat Sinn für Humor», sagte ich schließlich. «Hat er das Buch auch euren Schwestern geschenkt?»

«Ja! Deshalb habe ich es überhaupt gelesen – Ingrid hat sich nämlich geweigert, zu Natalies Taufe zu kommen, wenn Marno auch da ist. Ich habe sie gefragt, was das soll, und sie meinte, seit diesem verdammten Buch fühle sie sich wie ein lebendes Ersatzteillager.»

«Na, es ist ja nur eine Geschichte. Sie wird sich schon wieder abregen», beruhigte ich ihn.

«Hat sie schon, inzwischen hat sie nun doch zugesagt. Ich fürchte trotzdem, dass es bei dieser Taufe so richtig krachen wird. Bina hat auf der Einladung betont, dass Natalie das erste Baby seit fast vierzig Jahren in der Familie ist, und auch den Patenonkel verraten.»

«Wer ist es denn?»

«Der Bruder meines Papas, Onkel Benjamin. Er ist 73 und kinderlos! Ganz ehrlich, sie hat ihn doch nur zum Paten gemacht, damit Natalie später alles erbt.»

Während er das sagte, passierten wir gerade eines jener herrschaftlichen Häuser an der Außenalster, in denen man gut und gerne drei Großfamilien unterbringen konnte. Wenn man selten hier spazieren ging, nahm man nicht weiter wahr, dass dieses Haus nicht so gepflegt war wie die anderen. Doch wenn man wie ich täglich mit dem Hund daran vorbeikam, registrierte man die halbblinden Fenster und die von kleinen Wurzeln gesprengten Terrassenfliesen. Mir persönlich fielen zwei Gründe ein, warum so ein Haus in Hamburgs teuerster Wohngegend leer stand: Erstens, weil der alleinstehende, kinderlose Eigentümer gestorben war, ebenso wenig ein Testament wie Erben hinterlassen hatte und schon vor Jahren von seiner Katze gefressen worden war (die mittlerweile allein Haus und Garten bewohnte). Zweitens, weil eine Erbengemeinschaft sich nicht einigen konnte, was mit dem Haus passieren sollte.

«Probleme, die Einzelkinder nicht haben», sagte ich. «Schon erstaunlich, wie schnell die Geburt von Natalie die Beziehung zwischen euch Geschwistern verändert hat.»

«Nicht nur die Beziehung», entgegnete Eric. «Auch die Feierpraxis. Die Kleine wird nämlich an ihrem ersten Geburtstag getauft, also sind auch Kinder aus der Mütterbereitstellungsgruppe mit ihren Kindern eingeladen.»

«Mütterbereitstellungsgruppe?»

«Das sind die Frauen, die Bina bei der Schwangerschaftsgymnastik kennengelernt hat. Ehrlich, meine Schwester hatte nie Freundinnen mit Kindern, sie fand das immer anstrengend, weil dann auf Partys die Erwachsenen nur noch damit beschäftigt sind, Marvin und Leon davon abzuhalten, Elisa und Jacqueline mit Essen zu bewerfen. Und wenn ein Gast Bier will, braucht er den Schlüssel für den abgeschlossenen Kühlschrank vom Gastgeber. Jetzt hat sie mich ernsthaft gefragt, ob ich nicht meine Exfreundin zur Taufe mitbringen könnte, weil die Kindergärtnerin ist und die älteren Kinder während des Gottesdienstes bespaßen könnte.»

Dieses Phänomen kannte ich nur zu gut. Auch ich war ja Kummer gewöhnt. Sobald Eltern mit Kindern auf eine Erwachsenenparty eingeladen waren, die angekündigt wird mit «Wir lassen es zum 40. Geburtstag noch mal richtig krachen!», mutierte die zu einer Kindergeburtstagsfeier. Die Mütter wechselten nur noch Halbsätze miteinander, während die Väter sich wechselseitig von automatisch versiegelnden Windeleimern und anderen technischen Neuerungen im Kinderzimmer vorschwärmten. Ich war kurz zuvor auf so einer Party gewesen und von einem kinderlosen Gast mit den Worten angebaggert worden, ich sei offenbar die einzige Mutter dort, die ihren Kindern zutraue, allein zu spielen. Alle anderen Mütter scharten sich nämlich im Spielzimmer um ihre Brut. Meine Erwiderung, ich sei nur deshalb nicht bei den Kindern, weil ich keine hätte, löste bei dem Mann unmittelbar den Fluchtreflex aus, denn eine kinderlose Frau Ende dreißig konnte es ja unangenehmerweise ernst meinen. Vielleicht sollten wir unfreiwillig kinderlosen Frauen uns einen Stempel mit «Neige zu Fehlgeburten» auf die Stirn pappen lassen, damit Männer entspannter mit uns reden können.

Offensichtlich hatte also auch Bina mit Beginn des Milcheinschusses die Seiten vom entspannten Partygirl zur Glucke gewechselt.

Ein paar Wochen nach der Taufe gingen Eric und ich wieder gemeinsam spazieren. «Wie war's?», wollte ich wissen.

«Ich überlege gerade, ob ich aus reiner Boshaftigkeit noch schnell meine Nachbarin schwängern soll», antwortete Eric trocken. «Oder ich hinterlasse mein gesamtes Vermögen deinem Hund. Ich wünsche meinem Vater die beste Gesundheit, aber wenn es einmal so weit ist, sollte ich zusehen, dass ich mein Erbe so schnell wie möglich verprasse.»

«Was ist denn um Himmels willen passiert?»

«Meine Schwester hat mich allen Ernstes gefragt, ob ich meine Erbanteile an den Wohnungen unserer Mutter nicht jetzt schon Natalie überschreiben will. Die würde ja später doch alles kriegen. Ganz ehrlich, ich kann sie ja verstehen und weiß, dass sie einfach nur pragmatisch denkt. Aber ich bin 39. Es kann durchaus sein, dass ich mich noch mal verliebe, ein Kind zeuge oder einfach ewig lebe.»

Ich sagte darauf nichts. Es ist eine Sache, sich zu wünschen, Mutter zu werden. Zu erleben, wie andere im eigenen Umfeld sich durch die Elternschaft verändern, ist etwas anderes. Ich hatte immer geglaubt, dass Eric mit seiner Lebensform gut zurechtkam. Aber seitdem er Onkel war, hatte ich das Gefühl, dass er Frauen nicht mehr nur nach optischen Gesichtspunkten beurteilte. Vielleicht wollte er selbst ein Nest bauen. Zumindest legte die Verletztheit, die in seinen Worten mitschwang, nahe, dass er die Familienplanung für sich selbst noch nicht abgeschlossen hatte.

Und was das Erben betraf: Mein Bruder und ich waren bis zur Geburt seiner Tochter Julia die einzigen Vertreter der jüngeren Generation in unserer Familie gewesen. Ich hatte nie darüber nachgedacht, doch auch wir hatten einige ältere, kinderlose Verwandte, die ihn und mich als einzige gesetzliche Erben in Betracht gezogen haben mussten. Ob sie sich mehr oder weniger Kontakt zu uns gewünscht haben? Mein Bruder hat kinderlose Pateneltern – wird meine Nichte die auch einmal beerben?

Die Gespräche mit Eric ließen mich nachdenklich zurück. Mich als kinderlose Frau beschäftigte die Frage: Wer ist für mich da, wenn ich alt bin? Wer wird mich finden, bevor mich mein Hund anknabbert? Und für wen bewahre ich meine Kostbarkeiten auf, zum Beispiel den Smaragdring, der schon meiner Urgroßmutter gehörte?

Und da war sie plötzlich wieder: die Angst, eine alte Oma ohne Enkel zu werden.

# MUT ZUR WUT

Ich kann es nicht mehr hören. Ich kann nicht, und ich will nicht! Ich bemerke die Sonne nicht, sehe keine Passanten, fühle keinen Wind. Meine Ohren verschließen sich, und in meinen Augen brennt eine Traurigkeit, die Dämme brechen lassen wird, wenn ich nicht augenblicklich diesen Ort verlasse.

Seit einer halben Stunde stehe ich mit meiner Jugendfreundin Yvonne am Neuen Wall – dem nobelsten Teil der Hamburger Innenstadt. Um uns herum die Stores von Hugo Boss, Bulgari, Max Mara, des Chocolatiers Godiva und die Traditionsbuchhandlung Felix Jud – für die beiden Letzteren wünsche ich mir wie immer ein unbegrenztes Budget. Yvonne hingegen steht vor mir und jammert. Sie klagt seit einer Stunde, schon im Bus hierher hat es angefangen und ging dann weiter bei Jil Sander. Gerade beschwert sie sich, weil sie heute endlich mal kinderfrei und Zeit hat, aber keine Lust auf Shopping. Sie hat halbherzig drei sündteure Kostüme anprobiert – weil das Kind das alte, das eigentlich nagelneu war, vollgekotzt hat.

Yvonne wedelt mit ihrer Kreditkarte herum und lamentiert, dass sie keine Lust hat, schon wieder Geld für Dinge auszugeben, die sie vor wenigen Wochen bereits gekauft hat. Das verstehe ich. Ich verstehe auch, dass sie enttäuscht ist, weil es «ihr» Kostüm nicht noch einmal gibt. Ich bemühe mich auch um Verständnis dafür, dass dieser Job, mit dem sie das Geld für ihre Kostüme verdient, sie ganz krank mache. Sie sieht allerdings nicht krank aus, vor allem nicht, weil sie gerade vor ein paar Tagen noch auf Sri Lanka Sonne getankt hat. Aber der Lärm nachts, den der Wellengang verursacht hat: un-er-träg-lich! Sie ist wirklich ganz fertig. Und jetzt hat sie endlich Zeit für sich, aber was muss sie tun? Shoppen.

Ich höre zu. Versuche, passende Worte zu murmeln. Entschuldige mich, weil ich sie an der Bushaltestelle habe warten lassen, was sie vielleicht zusätzlich gestresst hat. Ich lausche ihrem immer aufgeregteren Wortschwall. Bestätige, dass die Dramen, die sich in ihrer Firma abspielen, unfair und unkollegial sind. Bedaure sie, weil sie keine Wertschätzung erfährt. Ich suche nach konstruktiven Ideen, will ihr eine hilfreiche Freundin sein, doch ich fühle mich immer hilfloser. In ihren Augen sehe ich, dass sie jetzt keine Lösung will. Sie möchte auch kein Mitleid. Sie sieht einfach gerade nur sich selbst. Und ich – ich bin nur Statistin für ihren Monolog.

Also konzentriere ich mich darauf, «aktiv» zuzuhören, wie es so schön heißt, zu nicken und zustimmende Laute von mir zu geben, doch dann wird meine Aufmerksamkeit abgelenkt. Ein altvertrautes Ziehen breitet sich in meinem Unterleib aus. Erst langsam und leise, wühlt es sich immer stärker durch mein Unterbewusstsein nach oben. Meine Periode beginnt. Es zieht, es spannt, und es tritt ein, wovor ich mich in den letzten Tagen so gefürchtet habe. So sehr habe ich mich bemüht, die Hoffnung zu ignorieren, die vorsichtige Vorfreude zu unterdrücken, die sich auszubreiten drohte. Zwei Tage überfällig, die Brüste spannten, ich erlebte mich schläfrig und müde, und Kaffee schmeckte mir nicht mehr. Ganz zaghaft hatte ich alles in meinem Kopf sortiert, den Ovulationskalender zu Rate gezogen, mich immer mehr wehren müssen gegen Phantasien darüber, wem ich die frohe Botschaft wie verkünden würde. Und das Pflänzchen Hoffnung wuchs, ob ich wollte oder nicht.

Yvonne hatte an der Bushaltestelle warten müssen, weil ich dann doch einen Schwangerschaftstest gekauft hatte. Für den nächsten Morgen, sicherheitshalber, weil ich die Ungewissheit nicht länger ertragen wollte. Gleichzeitig hatte ich Angst vor einer Wahrheit, die die Hoffnung zunichtemachen könnte. Und jetzt stand ich hier, auf der teuersten Konsummeile meiner Stadt, und drohte, an meiner Enttäuschung zu ersticken. Das Ziehen, der Schmerz – so fing meine Menstruation immer an. Die mühsam unterdrückte Hoffnung der letzten Tage brach sich jetzt als Verzweiflung und Trauer Bahn, ich hatte kein Ohr mehr für Yvonnes Klagen, ich rang nach Luft, als säße ein vollgesogener Schwamm hinter meinen Rippen. Bei jedem Atemzug drängten Tränen nach oben. Wieder war ich der Hoffnung erlegen, jener falschen Freundin, die jede Regung des Körpers für sich zu deuten wusste. Und kaum dass ich angefangen hatte, ihr zu vertrauen, stieß sie mir den Dolch in den Rücken.

Ich musste weg von hier, sofort. Kein Ohr mehr für andere, kein Wort des Verständnisses, kein Blick für all das Chichi, das mich umgab. Mit einem Mal hasste ich all das zutiefst. Den Luxus. Die Luxusprobleme. Die Selbstverständlichkeit, mit der Tausende von Euro ausgegeben wurden für Dinge, mit denen man ja doch nichts weiter tun konnte, als der inneren Leere eine Zeitlang das Maul zu stopfen. Vor mir stand eine Frau, die einen lukrativen Beruf, zwei gesunde Kinder und einen herzensguten Gatten hatte – und die trotzdem klagte, nicht zufrieden war, dem Leben voller Ansprüche gegenüberstand. Und mir erzählte sie das alles, mir, die ich hier und jetzt gerade meine Tage bekam. Was bedeutete: wieder ein Monat, eine Chance vorbei. Und irgendwann würde es «Rien ne va plus» heißen, und es gäbe keine Hoffnung mehr, auf Lebenszeit. Wie gerne hätte ich all meine weißen Blusen gegen billige Fummel eingetauscht, wenn sie nur einmal von meinem eigenen Kind vollgekotzt würden!

Die Freundin, die mir gegenüberstand, würde niemals ein Ohr für meine Sehnsucht haben. Sie würde mir nicht einmal liebevolles Unverständnis entgegenbringen. Sie kreiste nur um sich selbst. Ich wollte sie nicht mehr sehen. «Freundin» schien mir plötzlich ein anderes Wort für «Feindin» zu sein. So hilflos und so ohnmächtig wütend war ich, dass mir nichts einfiel, wie ich mich ihr und der Situation hätte entziehen können. In diesem Moment hatte der Himmel ein Einsehen mit mir, mein Telefon klingelte, ich griff nach dem Rettungsanker in meiner Tasche, drückte den Anruf weg und tat gleichzeitig so, als würde ich rangehen und angespannt zuhören. Ich sagte kurz zu Yvonne: «Sorry, ich muss los», und floh Hals über Kopf, am Rathaus vorbei, Touristengruppen ausweichend, voller Hast und Eile, die nur aus mir selbst kam und sich nicht beschwichtigen ließ.

Auf dem Rückweg im Bus wirbelten meine Gedanken und Gefühle durcheinander. Nichts wollte nachlassen, nicht die Wut auf die Freundin, nicht der Hass auf mich und mein Versagen, nicht die Sehnsucht, nicht die tiefe Traurigkeit, nicht das Gefühl, alldem nicht mehr gewachsen zu sein. Ich wollte nicht mehr Tampons auf die Einkaufsliste schreiben müssen, denn ich wollte monatelang ohne auskommen müssen. Warum wurde ich nicht schwanger? Warum wurde ich nicht Mutter? Warum, warum, warum?

Für solche Tage habe ich keine Lösung. Sie kommen aus dem Nichts. An anderen Tagen wäre ich mit der Freundin nicht so hart ins Gericht gegangen, doch heute ließ ich kein gutes Haar an ihr, und der Zorn über meinen Frust verstärkte sich, weil ich ihm nichts entgegenzusetzen hatte. Heute konnte es mir niemand mehr recht machen. Wieder einen kleinen Wunschtraum verloren. Es half mir nicht, mir wieder und wieder zu sagen, dass ich mich gerade in eine Trauer hineinsteigerte, die ich mit meiner verfrühten Hoffnung selbst verursacht hatte. Ich konnte diesen Tag nur zu Ende gehen lassen. Mir wünschen und vornehmen, bei der nächsten Überfälligkeit vorsichtiger zu sein. Aber ich wusste, solche Tage würden wiederkommen. Ich mochte mich noch so sehr wappnen, ich würde wieder den Kampf verlieren, wieder Abende erleben, an denen ich es weder im Haus noch draußen aushielt, weil ich in mir selbst nicht daheim sein konnte.

Auch nach all den Jahren habe ich kein Rezept dagegen – und hätte ich eines, so hätte ich keinen Kinderwunsch mehr. Doch solange der Wunsch ebenso lebendig ist wie ich, wird er immer mal wieder über meine Vernunft siegen und mich hilflos zurücklassen. Und ich werde diese Tage durchstehen, wieder und wieder, werde Tampons und Slipeinlagen kaufen in der Hoffnung, die Packung doch nicht ganz aufzubrauchen, und werde schwangere Frauen beseelt anlächeln, weil ich mich freue über jedes Leben, das entsteht, auch wenn nicht ich es bin, in der es heranwächst.

Zu Hause angekommen, schüttelte ich die gepflegte Kleidung von mir ab wie einen unpassenden Mantel, vergrub mich in einem Pullover, der groß und flauschig genug war, um darin zu wohnen, und setzte mich auf meine Lieblingsfensterbank. Ich hätte gerne hinaus in ein Wetter mit Regenschirmnotwendigkeit geschaut, doch den Gefallen, sich meiner Stimmung anzugleichen, taten mir die Wettergötter nicht.

Diese Wut, diese Trauer – sie ist ein Teil von mir und gegen mich, und ich teile sie nur sehr selten mit anderen. Ich glaube kaum, dass jemand, der diesen Wunsch nicht kennt, das nachempfinden kann. Und es ist auch gar nicht nötig. Wichtig ist nur, mir den Raum zu geben, den ich an diesen Tagen für mich brauche. Mich in meinen Gefühlen baden zu lassen und abzuwarten, bis ich mich wieder beruhigt habe. Zorn kommt, Zorn geht. Was ich lernen möchte, ist, mehr Geduld mit mir zu haben. Mich nicht jedes Mal dafür innerlich abzustrafen, wenn die Traurigkeit aus ihrem Gefängnis ausbricht und ich nicht mehr die beste Freundin für andere und ihre Probleme sein kann. Ich bin eine Frau, der es bisher nicht gegeben ist, Mutter zu werden. Ich darf traurig, wütend, verzweifelt und neidisch sein. Das gehört dazu. Mich dagegen zu wehren, macht es nur schlimmer.

Es zuzulassen ist ein schwieriger Prozess, aber ich glaube, es lohnt sich, mit mir selbst liebevoller und nachsichtiger umzugehen. Es bringt mir nichts, gegen mich selbst zu kämpfen, denn irgendwo wird immer ein Stolperstein auf mich lauern. Die Wut aufsteigen zu fühlen, mich selbst in den Arm zu nehmen, mir die Zeit zuzugestehen, die ich brauche, um die Enttäuschung zu akzeptieren und meine Resilienz zu entwickeln: Das ist mein Weg.

## WEITERE AUSSICHTEN: HEITER BIS WOLKIG

Es ist also, wie es ist. Ich bin nicht schwanger. Ob ich es nur *noch* nicht bin oder nie sein werde, weiß ich nicht. Ich weiß nur, dass jeder unschwangere Tag, der ins Land zieht, auch ein Tag meiner Lebenszeit ist – meiner kostbaren Lebenszeit, die niemals zurückkehren wird. Und die ich daher zu nutzen und zu genießen beschlossen habe. Denn ich will das Beste aus meinem Leben machen – so oder so. Also habe ich mich, den Ratgebern folgend, in meinem Umfeld umgesehen und einmal geschaut, was andere Kinderlose so tun, wie sie ihre Zeit verbringen und ihr Leben zu einem eigenen Bilderbuch gestalten. Dabei betrachtete ich zunächst das Beispiel von Jessica.

Jessica ist 37 und Polizeibeamtin; ihr Mann ist gleich alt und Kfz-Mechatroniker. Sie lernten sich kennen, als beide mit der Ausbildung fertig waren. Ihre erste gemeinsame Wohnung hatte zwei Zimmer, Küche und Bad, und der gemeinsame erste Hund lief Jessica zu, während sie auf Streife war. Dann heirateten sie, bauten ein Haus, begruben den ersten gemeinsamen Hund im Garten und suchten nur wenig später ein Tierheim auf, um einen etwas verrückten Irish Setter zu adoptieren.

Alle Welt wartet jetzt darauf, dass Jessica ihren Beamtenstatus ausnutzt und sich einen Grund zulegt, um sich in die Elternzeit zu verabschieden. Tut sie aber nicht. Wir haben einen gemeinsamen Freund, der Jessica zu einem Hobby verholfen hat, welches ihr keine Zeit für den Kinderwunsch lässt. Er ist ebenfalls Polizist, und da es nicht selten der Fall ist, dass Jessica unter der Woche dienstfrei hat, während ihr Mann arbeiten muss, bieten sich diese Tage für Trekkingtouren in den Bergen mit dem verrückten Irish Setter an, und zwar ohne lästige Sonntagstouristen. Jessicas Mann hingegen fährt an den Wochenenden, an denen sie arbeiten muss, mit seinem Fantasy-Spielclub an abgelegene Orte, wo sie dann Ritter, Orks und Minnesänger mimen.

Bei beiden Hobbys fallen Kosten für Equipment und Übernachtungen an. Weder Jessica noch ihr Mann wollen ihr jeweiliges Hobby aufgeben. Sie sind sich bewusst, dass es ihnen mit einem Kind auch an Zeit dafür mangeln würde, aber vor allem der Kostenfaktor macht ihnen zu schaffen. Sie haben sich einen Lebensstandard erarbeitet, und den wollen sie halten. Mit Kind, Haus, Hund und Hobby ist das nicht möglich, wenn man zu den Normalverdienern im Mittelstand gehört. Jessica sagt jedoch, dass sie die Entscheidung gegen Kinder gut tragen kann: Sei sie erst einmal gefallen, finde man sich auch glücklich mit der Situation ab.

Nach der Analyse von Jessica war es wieder Zeit für ein neues Projekt, um mich von meinem unerfüllten Kinderwunsch abzulenken. Ich begab mich im Netz auf die Suche nach einem Chor in der Nähe. Ich möchte zwar lieber meinem Kind ein Wiegenlied vorsingen, aber in meiner Situation darf man nicht zu viele Ansprüche stellen. Sofort wurde ich fündig: Mit «Sängerinnen gesucht!» war die Anzeige eines Hamburger Stadtteilchors überschrieben, der als Schwerpunkt Filmsongs angab. Mich sprach das sofort an. Kirchenmusik war zwar meines Erachtens schöner, aber

Kirchenchöre suchen meistens ausschließlich männliche Sänger, weil die zuallererst wegsterben. Dieser Chor aber suchte gezielt Frauen. Ich wagte mich auf die Website, und das Erste, was ich sah, war ein Bild von vier Schwangerschaftsbäuchen. Tatsächlich waren sowohl im Sopran als auch im Alt jeweils zwei Frauen schwanger, sodass es dem Chor nun an aktiven Sängerinnen mangelte. Kurz überlegte ich, mich zu melden, denn vielleicht war das mit der Schwangerschaft ja ansteckend. Aber ich tat es dann doch nicht, weil es ja nur eine zeitlich begrenzte Mutterschaftsvertretung gewesen wäre. Wieder ein Hobby, das nicht zur Ablenkung taugte.

Eine dagegen sogar produktive zeitraubende Beschäftigung, die ich erst kürzlich entdeckt habe, ist das Backen von Confiserie-Produkten. Ich mag die meditative Stimmung in der Küche, wenn ich endlose Reihen von Macarons in größtmöglicher Gleichmäßigkeit auf dem Backblech verteile. Backen mit Kindern fände ich dagegen nicht sonderlich spannend, sondern eher hygienisch bedenklich. Kinder verteilen beim Backen Mehl und Puderzucker hauptsächlich neben und unter der Kuchenform, und wenn sie dann noch abwechselnd mit den Fingern in Mund, Nase und Teigschüssel bohren, reduziert sich meine Vorfreude auf die ersten selbstgebackenen Plätzchen doch enorm. Liebe Mamis, Backen mit Kindern ist für die Kinder bestimmt etwas ganz Großartiges. Aber verlangt doch bitte nicht von uns kinderlosen Menschen, die Backwerke sofort zu verzehren! Auch nicht mit dem Hinweis, dass man sich als Mutter keine Krüschheit erlauben könne. Ich bin keine Mutter, also erlaube ich mir in dem Fall ein Faible für gutes, sauberes Gebäck. Beim Backen bin ich also am liebsten allein. Und die Tatsache, dass ich kein Kind habe, das ich später rufen kann, um die Teigschüssel auszukratzen, kompensiere ich unerschrocken, indem ich es selbst tue.

Ich produziere also leidenschaftlich gerne Cupcakes, Eclairs, Fondantkunstwerke oder phantasievolle Kekskreationen. Und mittlerweile bin ich darin, wenn man Zeugenberichten glauben darf, auch relativ gut. Aber mir verschafft das Backen schon genug Lustgewinn, ich muss das nicht alles auch noch essen. Daher brauche ich Abnehmer. Später sind das vielleicht meine Kinder, bis dahin müssen meine Nachbarn herhalten. Sie finden es vermutlich aber gar nicht so schlimm.

Schlimm finde ich wiederum, wie sich mein gesellschaftliches Leben im Laufe der Kinderwunschjahre geändert hat. Mit Anfang zwanzig bis Anfang dreißig wurde ich noch zu Tupperpartys und Kindergeburtstagen eingeladen, zu Taufen oder Konfirmationen. Jetzt haben sich die Freundinnen mit Kindern von den kinderlosen Freundinnen separiert und umgekehrt – denn wenn ich mich verabrede, dann gehen wir meist aus: zum Essen, ins Theater, zu Sportveranstaltungen oder auf Poetry Slams. Eltern mit kleineren Kindern dagegen treffen sich zu Hause, zu Feiern im privaten Rahmen, zu denen ich als Nichtmama inzwischen viel seltener eingeladen werde. Also kann ich auch viel seltener für derlei Anlässe backen. Entsprechend betrübt bin ich übrigens auch, dass die Gender Announcement Partys noch nicht nach Europa herübergeschwappt sind. In den USA laden werdende Eltern gern zu einer Tortenschlacht ein: Die Torte ist nach außen hin neutral gehalten und nur im Inneren rosa oder blau gefärbt, damit die Gäste erst beim Anschneiden erfahren, ob das Paar einen Jungen oder ein Mädchen erwartet. Ich möchte furchtbar gerne mal selbst so eine Torte backen, aber mir fehlt noch die Gelegenheit.

Ich selbst habe also versucht, Wege zu finden, mit meiner Kinderlosigkeit umzugehen. Und bei meiner Ablenkungs- und Sinnsuche ist mir aufgefallen, dass auch die Gegenseite manchmal hilflos ist. Viele junge Eltern wissen nicht so recht, wie sie mit uns unfreiwillig kinderlosen Frauen umgehen sollen. Sie haben Angst, alles könnte uns weh tun. Dagegen gibt es ein Mittel: Unsereins muss deutlich machen, wann es uns zu viel wird. Sonst verliert man sich vor lauter gegenseitiger Rücksichtnahme aus den Augen: Dann lade ich keine Paare mit Kindern ein, weil ich denke, dass sie sowieso nicht kommen können, und die Paare mit Kindern laden mich nicht ein, weil sie mich nicht quälen wollen. So hat mein Bruder zum Beispiel, sobald er von diesem Buch erfuhr, aufgehört, mir Bilder von seiner Tochter zu schicken. Irgendwann habe ich mich dann beschwert, dass ich immer unsere Mutter bitten muss, mir die neuesten Bilder weiterzuleiten. Mein Bruder gestand, er habe mir keine mehr geschickt, weil er Angst hatte, er tue mir damit weh. Das ist sehr rücksichtsvoll, aber nicht nötig – ich liebe meine Nichte und freue mich über jedes Lebenszeichen von ihr, da spielt mein eigener Kinderwunsch einfach mal keine Rolle.

Eltern, jetzt mal ehrlich: Ladet uns ein! Wenn wir einen Tag haben, an dem wir Kindertrubel nicht ertragen, dann denken wir uns eine Magen-Darm-Grippe aus, rufen euch an und bitten um Verständnis für unser Fernbleiben (und keine Mami dieser Welt wird allzu traurig darüber sein, weil sie einen potenziellen Krankheitsträger nur ungern in ihrer

Wohnung hat). Es kann aber auch sein, dass ich mich wahnsinnig über die Einladung zur Einschulung freue und sie mit einer selbstgebackenen Torte mit Fondantbuntstiften obendrauf würdigen möchte.

Von all diesen Versuchen und Wegen, den unerfüllten Kinderwunsch zu akzeptieren, zu verstehen und zu verarbeiten, hat mir vor allem eines zuverlässig geholfen und mir Gelassenheit geschenkt: das Laufen. Ich bin leidenschaftliche Läuferin, und in Hamburg gibt es wundervolle Laufstrecken. So weit, so gut. Was man hier nicht hat, sind Berge, jedenfalls keine, die man in Bayern als Berge bezeichnen würde. Daher war es für mich auf den bundesweiten Marathonveranstaltungen auch immer ein absolutes Grauen, im Laufschritt Höhenmeter bewältigen zu müssen. Als ich mich mal wieder an einem Bergauflauf abarbeitete, sagte mir ein Mitläufer: «Lerne, die Anstiege zu lieben. Sag dir in Gedanken immer wieder, dass du dich auf die Quälerei freust, auch wenn das noch undenkbar scheint. Wenn du es dir oft genug sagst, wird es irgendwann so sein. Nimm den Bergen den Schrecken und mach sie zu deinem Laufpartner.» Ich habe das probiert, und siehe da: Ich mag zwar immer noch keine Anstiege, aber ich lache jetzt währenddessen über meine inneren Motivationsdialoge.

Diese Taktik wollte ich auch auf den Kinderwunsch übertragen – mir immer wieder sagen, dass ich mein kinderloses Leben liebe und es genieße, so viele Freiheiten zu haben. Bei den Laufanstiegen hat das besser funktioniert, aber es hilft mir, den Gedanken immer wieder aufzugreifen, mir zu sagen, was ich an meinem Leben wertschätze und mag. Lachen kann ich über den inneren Dialog jedoch nicht, es sind mehr Vokabeln, die auswendig gelernt werden. Dennoch habe ich es geschafft, diese Kindersehnsucht zu akzeptieren, als Teil meines So-Seins zu betrachten. Ich wäre ohne sie nicht die, die ich hier und heute bin. An manchen Tagen kann ich das einfach so annehmen. Und an manchen Tagen eben nicht. Dann weiß ich aber: Es wird wieder ein leichterer Tag kommen.

Vielleicht schon morgen.

## ICH BIN JULIAS TANTE

Knapp zwanzig Jahre nach der Diagnose, ich könnte keine Kinder bekommen, bin ich das Auf und Ab der Gefühle allmählich leid. Denn in der Achterbahnfahrt inbegriffen waren bisher Loopings aus Fehlgeburten, Schikanen mit unzähligen Schwangerschaftstests und Bremsstrecken voller Ersatzbefriedigungen.

Apropos Befriedigung: Daran, dass Sex auch Lust bedeutet, denkt im Kinderwunschwahn kaum noch jemand. Dabei komme ich persönlich langsam in ein Alter, in dem das Schläfchen danach fast wichtiger wird als der Beischlaf selbst. Trotzdem kann ich noch arthrosefrei Spaß am Akt selbst haben – und das, ohne die ganze Zeit zu denken, ob es heute funktionieren könnte mit der Befruchtung.

Es gab allerdings auch Zeiten, in denen ich eifrig in einem Kalender festhielt, wann ich zu welcher Uhrzeit in welcher Position beschlafen wurde, um dem Geheimnis des Erfolgs vielleicht näherzukommen. Ich trauere diesen Tagen nicht nach, im Gegenteil, ich bin so froh, sie überwunden zu haben. Es ist Lebenszeitverschwendung, wenn man nur des Geldes wegen arbeitet – und ebenso ist es Verschwendung, wenn man nur, um schwanger zu werden, miteinander schläft. Körperliche Liebe sollte schön sein. Ganz egal, was am Ende dabei herauskommt.

Diese kontrollierten, zielgerichteten Kinderwunschverhaltensweisen hatten mich zermürbt und mir keinen Erfolg gebracht. Daher bin ich bestrebt, mich von ihnen fernzuhalten und diese Falle, in der man sich selbst verfängt, zu umgehen. Keine Apps und Kalender mehr, kein eifriges Blättern in Schwangerschaftsratgebern, kein ständiger Austausch mit werdenden Müttern. Aber so manch kleine Insel gibt es doch, die ich ansteuere, um einen Moment lang im Kinderwunsch zu verweilen, manchmal, aber nicht immer gehen diese Exkursionen gut für meinen Seelenfrieden aus.

Wenn irgendwo eine Mutter mit Kinderwagen vor einem Hindernis steht und Hilfe braucht, dann springe ich eiligst herbei, damit mir auch ja niemand zuvorkommt und mir die Chance nimmt, mit anzupacken. Hier! Ich helfe! Ich verstehe eure mütterliche Situation! Eure Sorgen! Helfersyndrom, ich komme! Und vielleicht, vielleicht hält mich kurz einer der Passanten für die Mutter des Kindes in der Karre, die da die Bahnhofstreppe hinaufgehievt wird. Es ist armselig von mir, ich weiß. Aber ich male mir dann aus, wie der Passant mich sieht und denkt: «Was für eine taffe, sportliche Mami und dabei nicht mehr ganz jung! Wie sie mit so viel routinierter Gelassenheit diese Treppe hochspringt, da kann manche junge Mutter nicht mithalten. Frauen sollen ruhig auch spät ihre Kinder kriegen.» Ich mag mich selbst nicht dafür, aber ich stehle mir diese Momente, lebe darin auf, in diesem flüchtigen Scheinen statt Sein, das ein Pflaster auf die Wunde klebt, wenigstens für diesen einen Augenblick.

Eine Zeitlang habe ich mich bemüht, «nur» eine erfolgreiche Karrierefrau zu sein bzw. zu werden. Es ist mir ansatzweise gelungen – zumindest bekam ich zweimal eine hochoffizielle Einladung zu einem Business Talk, gerichtet an «die führenden Frauen der Stadt». Zu der ersten Einladung begab ich mich – gewandet in ein schickes Kostüm, mit unbequemen Schuhen an den Füßen und bewaffnet mit den besten Vorsätzen zum Thema Networking – in ein nobles Restaurant, in dem nur Presse und geladene Gäste zugelassen waren. Es begann mit einer Talkrunde, an der Fraktionsvorsitzende der Hamburger Bürgerschaft teilnahmen und über Frauen in Führungspositionen sprachen. Ich kam mir zugleich großartig und wichtig und wie eine Hochstaplerin vor, falls irgendjemand bemerken sollte, dass ich weder großartig noch wichtig war. Dazu kam, dass das Diskussionsthema auf dem Podium innerhalb kürzester Zeit von «Frauen in Führungspositionen» zu «Mütter in Führungspositionen» wechselte und ich mir als Nichtmutter ohne Führungsposition fehl am Platze vorkam.

Es wurde auch nicht besser, als im Anschluss an die Diskussion zum Smalltalk-Netzwerken an den aufgebauten Informationsständen aufgefordert wurde. Denn dort wurde im Prinzip nur Werbung für namhafte Schmuck- und Kosmetikhersteller gemacht. Die gesamte Veranstaltung war eine Farce, und genau das gab ich auch in dem Feedbackbogen zu Protokoll, der ein paar Tage später in der Post lag. Im Folgejahr wurde ich wieder eingeladen, und ich war sehr neugierig, ob dieses Feedback etwas genutzt hatte, denn ich hatte darauf hingewiesen, dass es eine Herabwürdigung sei, Frauen ausschließlich auf ihre Mutterrolle zu reduzieren. Es sei großartig, wenn Mütter Führungspositionen bekleideten, sollte aber nicht zu etwas Besonderem hochstilisiert werden. Es ist wie Lesenlernen – einfach unerlässlich.

Meine zweite und letzte Teilnahme am Business Women Day bereitete ich sehr viel besser vor. Ich zwängte mich nicht in ein Kostümchen, das mich in eine Person verwandelte, die ich nicht war. Und ich nahm meine beste Freundin mit, damit ich wenigstens jemanden zum Lästern dabeihatte. Bereits am Eingang wurden wir mit Give-aways von Schmuckherstellern begrüßt. Den offiziellen Beginn der Veranstaltung warteten wir gar nicht erst ab, denn das Thema der Podiumsdiskussion lautete: «Helikoptermütter im Job».

Es ist wie früher in der Schule – ich will so gerne dazugehören, schaffe es aber nicht. Damals hat meine Mutter mir noch Cordhosen gekauft, als alle anderen Kinder bereits Jeans trugen. Ich bin keine Mami und keine Karrierefrau. Ich bin auch keine Mischung aus beidem. Ich bin ich selbst, mit all meinen Hoffnungen und verzweifelten Träumen. Und ich bin Julias Tante.

Denn ja, ich genieße es, Tante zu sein. Ich liebe es, dass die Kleine jetzt in ein Alter kommt, in dem immer mehr Austausch möglich ist. Wenn sie einfordert, dass ich gefälligst Zeit mit ihr verbringen solle, bin ich glücklich. Über einen Flohmarkt zu gehen und nicht nur nach Büchern für mich zu suchen, sondern auch mal bei einem Jungelternstand stehen zu bleiben und Babyklamotten prüfend hochzuhalten, überlegend, ob Julia da wohl noch hineinpasst. Oder pinkfarbenes und pädagogisch völlig wertloses Spielzeug an den kritischen Eltern vorbeizuschmuggeln, einfach, weil ich eben die Tante bin und es mich manchmal nicht im mindesten interessiert, ob ein glitzernder Haarreif ins erzieherische Konzept passt. Diese Freiheit nehme ich mir. Und ich wünsche mir nichts mehr, als Julias Vertrauen zu gewinnen, sodass sie später mal zu mir kommt, wenn sie mich braucht.

Seit einem Jahr lebt sie auf der anderen Seite der Erde, und Skype ist für mich inzwischen eine der segensreichsten Erfindungen der Menschheit. Und ich sehne die Zeit herbei, wenn sie alt genug für einen eigenen Account ist, damit ich ihr dort ein wenig auf die Nerven gehen kann. Ich bin glücklich, dass sie da ist. Ich schätze mich mittlerweile auch sonst glücklich, denn ich weiß, dass es mir sehr gut geht. Und ich kann so einiges tun, um das Schicksal des unerfüllten Kinderwunsches sinnstiftend zu nutzen, und sei es nur, indem ich anderen Frauen in derselben Situation die Hand reiche und ihnen zuhöre, wenn sie wütend und verzweifelt sind.

Und auch hier, in diesem Buch, habe ich kein Patentrezept für den Umgang mit dem Klammeraffen Kinderwunsch, ich kann nur meine Erfahrungen beisteuern. Der Kinderwunsch bleibt mir erhalten, so schnell werde ich ihn nicht los. Umso masochistischer mag es anmuten, dass ich mir zur Abfassung dieses Buches über das Leben mit unerfülltem Kinderwunsch ausgerechnet ein Café ausgesucht habe, das direkt neben dem Eingang zu einer gynäkologischen Praxis liegt. Während ich also mit meinem Iced Latte Non Fat Extra Shot in meinem Lieblingscafé ohne Kinderwagenparkplatz saß und dieses Buch schrieb, gingen draußen vor dem Fenster immer mal wieder schwangere Frauen vorbei. Und ich, ich saß an meinem Manuskript, manchmal traurig, manchmal wütend, und manchmal zermarterte ich mir das Hirn, ob ich selbst vielleicht eventuell doch ein Kind erwartete. Weil ich trotz all der Rück- und Tiefschläge eben doch nicht aufhöre zu hoffen.

Noch ein paar Jahre, dann ist diese Zeit des Hoffens vorbei – so oder so. Aber das bedeutet nicht, dass ich diese Zeit stumpf verwarten muss. Es gibt viele Frauen wie mich, schaut euch um, ihr anderen. Bemitleidet uns nicht, packt uns nicht in Watte und lacht uns nicht aus. Wir versuchen, mit der Situation zu leben, so gut es eben geht. Manchmal gucken wir diese glücklichen Mamis an und seufzen, weil wir zugleich wehmütig sind und uns mitfreuen – aber manchmal wollen wir nur noch kotzen und schreiend davonrennen. Hin und wieder fragen mich Mütter oder Väter im Café, ob ich mal kurz auf den Kinderwagen aufpassen kann, während sie zur Toilette gehen. Oder sie stellen die Zwillingskarre so ab, dass ich eingesperrt bin zwischen Tisch, Wand, Karre und Elternteil. Das Ärgerliche ist dann, dass ich nicht ärgerlich sein darf, ich muss doch Rücksicht nehmen. Mütter sind sakrosankt und brauchen jede Unterstützung, die sie kriegen können. Also nicke ich, lächle und sage: «Das macht doch nichts, ist schon gut.» Und nähre im Stillen meinen Groll, weil ich mich wieder einmal zur Statistin degradiert fühle.

Klar, das Leben ist kein Wunschkonzert, und es kann nicht jeder – wenn wir mal im Bild bleiben wollen – als Solist glänzen. Ich zum Beispiel habe zu Schulzeiten in einem kirchlichen Kammerchor gesungen. Wir waren nur zu siebt, und jede unserer Stimmen war tragend und wichtig. Wir traten bei Taufen, Beerdigungen, Bibelstunden auf – Events eben, bei denen man keinen großen Chor gebrauchen konnte. Doch manchmal gab es Anlässe, bei denen wir gemeinsam mit der gesamten Kantorei singen durften und dann ganz selbstverständlich integriert wurden. Anders hätte das Konzert auch nicht gelingen können. So müssen wir Frauen, die wir ungewollt kinderlos bleiben, auch ins große Ganze integriert werden. Unsere Stimme ist nicht weniger wert oder schlechter, nur weil wir oft nicht so gut sichtbar sind und weiter hinten stehen. Wir sind, ebenso wie die anderen auch, eine Stütze des Gesamtklanges.

Wir Menschen mit unerfülltem Kinderwunsch sollten unseren Platz in der Gesellschaft verteidigen und aktiv einfordern. Wir möchten schließlich beachtet werden, nicht übersehen. Wir gehen heute mit so vielem offen um, mit Gesinnungen, Sexualität, Süchten, Ängsten und Krankheiten, wir posten unser Essen und unsere politische Überzeugung ins Netz, und wenn heute jemand vier Wochen auf Kur ist, kann er offen zugeben, ein Alkoholproblem zu haben, ohne dass ihn das Job und gesellschaftliche Anerkennung kostet. Daher muss es auch erlaubt sein, offen zu sagen, wie sehr man darunter leidet, nicht Mutter oder Vater zu sein. Wir wollen nicht mehr Angst haben, das Glück anderer zu «stören» oder uns eine Blöße zu geben, wenn wir sagen, dass und warum wir traurig sind. Mutter zu sein, stelle ich mir immer noch als das ganz große Ziel vor. Trotzdem würde man mich für bemitleidenswert halten, wenn ich auf die Frage, was ich mit meinem Leben anstellen möchte, mit Ende dreißig noch «Mutter werden» antworte.

Ich sehe es eher sportlich: Ich weiß, dass ich keinen Weltrekord mehr einfahren werde – die jüngste Mutter aller Zeiten kann ich beispielsweise schon lange nicht mehr werden. Ich bin auch zu alt, um noch fünf Kinder in die Welt zu setzen – zumindest nicht gemütlich eines nach dem anderen –, und vermutlich ist das auch ganz gut so. Ich gebe die Hoffnung nicht auf, aber ich klammere mich auch nicht an sie, als wäre sie mein einziges Lebenselixier. Ich sehe wildfremden Familien zu, ich beobachte sie, wenn ich ihnen irgendwo begegne, in einem Restaurant oder an der Museumskasse oder draußen auf der Straße. Es fasziniert mich, dieses Leben, das ich selbst nur aus der Kinderperspektive kenne, nicht aber aus der einer Mutter. Vielleicht muss ich eben eine alte Oma ohne Enkel werden. Dann werde ich zumindest einen Hund haben und mittags langsam um die Alster trippeln, den Joggern im Weg sein und mich über skandalöse Moden aufregen. Na gut, wenn ich alt bin, rege ich mich bestimmt nicht mehr auf, dann nörgele ich nur noch ein bisschen.

Nicht aufregen – daran möchte ich tatsächlich weiter arbeiten. Gelassener, nachsichtiger werden mit mir, mit meinem Kinderwunsch, mit meinem Leben ohne Kinder. Es gibt Tage, die sind nur grau und traurig – dann denke ich, dass ich meine Lebenszeit verschwende, weil ich kein Kind habe, das ich großziehen darf, um es in diese Welt zu entlassen. Aber dann relativiert sich das wieder, wenn meine Mutter sich unvermittelt bei mir entschuldigt, weil sie mich in ebendiese komplizierte Welt hineingeboren hat. «Was ihr heute alles für Sorgen habt!», sagt sie oft. Vermutlich sagt das jede ältere Generation, aber es hilft mir ein bisschen an den besagten grauen Tagen. Liebe Mama, ich glaube, das gehört zu jeder Generation dazu. Ich kann mir gut vorstellen, dass meine Großmutter es ebenso gedacht hat wie du.

Wenn es mir nicht gegeben ist, Kinder zu bekommen, dann gibt es sicher einen anderen Lebenszweck, den ich erfüllen kann. Außerdem, und das ist wohl eines der wichtigsten Dinge, die ich im Laufe der Zeit gelernt habe: Es ist womöglich nicht das Wichtigste im Leben, einen Lebenszweck zu definieren und ihm dann nachzujagen. Unsere Zeit hier ist begrenzt. Ich werde sie nicht gramgebeugt mit Warten verschleudern und vergessen, mein Leben mit Lebendigkeit zu füllen, nur weil ich nicht das kriege, was ich so gern hätte. Ich will, was geschieht, mit Freude und Ernsthaftigkeit annehmen, und selbst wenn das nicht immer in der Praxis funktioniert – mein Leben geht ja weiter, und zwar vorwärts, nicht zurück. Und meine Familie vergrößert sich auch ohne Kinder. Ich habe Freundinnen, die mich «kleine Schwester» nennen, weil wir uns schon so nahegekommen sind, dass das Wort Freundin es nicht mehr trifft. Und es gibt immer noch genug Menschen, für die ich Adventskalender basteln und backen kann.

Liebe Mamis, ja, manchmal will ich euch nicht sehen, und ihr wollt meinen Frust und meine Traurigkeit sicherlich auch oft nicht sehen. Ihr seid auf diesen Seiten nicht immer gut weggekommen, dabei macht ihr meistens einen phantastischen Job. Doch dieses Buch ist die Bühne der Frauen, die ungewollt kinderlos bleiben und oft genug nicht im Scheinwerferlicht stehen, sondern eher vergessen irgendwo in den Kulissen. Wenn ihr mir, was manchmal vorkommt, auf die Nerven geht, liebe Mamis, dann mute ich mich euch nicht zu. Zu allen anderen Gelegenheiten könnt ihr weiter mit mir reden, lachen und euch bei mir ausheulen. Ich werde euch schon sagen, wann es mir zu viel wird. Das erwarte ich umgekehrt auch von euch.

Denn vollkommen unabhängig vom Kinderwunsch hat jeder und jede von uns die Pflicht, auf sich selbst achtzugeben. Wenn ich an einem Sonntagvormittag in den Zoo gehe, darf ich mich nicht darüber beschweren, dass sich die Tiere vor lauter Kindergekreisch verstecken und ich den rosa Kakadu nicht sehen kann. Umgekehrt solltet ihr euch nicht beschweren, wenn es Gastwirte gibt, die in ihren Restaurants zu bestimmten Uhrzeiten keine Kinder sehen möchten. Ihr könnt doch woanders essen gehen. Wir Kinderlosen müssen uns auch immer anhören: «Wenn euch der Kinderlärm stört, dann geht doch woanders hin.» Genau das tue ich dann. So geht das mit dem gegenseitigen Respekt.

Liebe Gleichgesinnte, wenn ihr darüber reden möchtet, dann redet. Traut euch! Wir haben alle nichts zu verlieren, wir können durch die Diskussion und durch den Austausch nur gewinnen. Ich wünsche uns allen das Beste. Mein Bestes war, einige Entscheidungen zu treffen. Keine künstliche Befruchtung, keine Adoption, aber die innere Erlaubnis, traurig zu sein, wenn die Sehnsucht nach einem Kind mal wieder zuschlägt. Ich mache dann das, was eine Mutter tun würde – ich nehme mich selbst in den Arm, sage mir tröstende Worte und halte mich daran fest, dass der nächste Tag wieder neue, spannende Erfahrungen bringen wird. Ich bin nämlich auch, aber nicht nur eine Frau mit unerfülltem Kinderwunsch. Ich bin weit mehr.

Als ich das Konzept für dieses Buch beim Verlag einreichte, schrieb ich: «Sollte ich während der Fertigstellung des Buches schwanger werden, haben wir natürlich ein fröhliches Problem.» Heute ist es so weit, ich beende das Manuskript, und ich bin definitiv nicht schwanger. Ich bin gespannt, ob ich es irgendwann noch werde, vielleicht noch, bevor das Buch erscheint. Oder vielleicht danach oder vielleicht auch nie. Was auch immer kommen mag, wenn die biologische Uhr kinderfrei für mich abgelaufen ist, ich bleibe neugierig. Ich hoffe, dass ich mir meine optimistische Neugier auf das Leben bewahren kann.

Erich Kästner hat gesagt: «Nur wer erwachsen wird und ein Kind bleibt, wird ein Mensch.» Recht hatte er. Ich jedenfalls habe vor, gut für mich zu sorgen und die Welt immer neu zu entdecken. Egal, was noch kommt – ich habe vor, mir selbst eine Mutter, mir selbst ein Kind zu sein. Und für Julia eine glückliche Tante.

# DANKSAGUNG

Hier müssten jetzt lauter Namen stehen, die mir ihre Geschichten erzählt und ihre Eindrücke mitgeteilt haben. Ich mache es kurz: Danke an den verrückten Haufen großartiger Menschen, danke für eure Offenheit und euer Interesse an meinem Buch!

Danke an meinen fabelhaften Ritter für die liebevolle Unterstützung, ohne die ich dieses Buch nicht hätte schreiben können.

Danke für deine Geduld und Aufmerksamkeit.

Danke an Superkat, für blogprinzessin.de.

Meine Lektorinnen haben mir gezeigt, was man aus Texten, Worten und Gefühlen alles machen kann, und Susanne, ich danke dir, dass du mich hast spüren lassen, dass du an mich glaubst. Es ist unfair, dass ihr beide nicht auf dem Cover genannt werdet, eigentlich gehören Lektoren ebenso dorthin wie die Übersetzer eines fremdsprachigen Buches.

Julia, ich habe dich lieb.

MIX
Papier aus verantwortungsvollen Quellen
FSC® C083411

Das für dieses Buch verwendete Papier ist FSC®-zertifiziert.